U0020862

大是文化

史上最簡單
線圖獲利教科書，
別人想午餐、**我大賺波段！**

收盤前下單，
月薪多50萬¥

普通上班族、只靠收盤前下單，
讓月薪多出50萬¥

林僚 ◎著

小林昌裕 ◎監修
鄭舜瓏 ◎譯

トイレ休憩で
株してたら
月収50万円になった件

CONTENTS

幻想一夕成功，
差點走投無路！　27

chapter 2 黃金交易時間，在收盤前的 30 分鐘！　51

推薦序一
在股市裡開闢出
屬於自己的新世界

「小資女升職記」部落格版主／Angela

　　「小資族如何在下班後創造第二收入？」、「非本科系如何進入投資市場？」、「如何成為斜槓投資者？」你心裡是否也有相同的疑問？那麼恭喜你，今天就能從這本《收盤前下單，月薪多 50 萬 ¥》中獲得解答！

　　開頭的 3 個問題，是近年來經統計，小資讀者最關心的話題。在踏出第一步前，相信你們的心裡肯定有很多的疑問與不安，該如何有效做足功課呢？書中提到許多實戰法則，非常適合初學者。作者透過兩種線圖技巧方法論，帶領股市新手進入投資市場，用最簡單且好理解的方式，幫助新手成功賺到第一筆收入，有效提升自

信心。

　　作者也在書中提到「初學者易犯的 3 點錯誤」，我心有戚戚焉。其中一點是：別急著開證券戶，這也是我時常在文章中提醒大家的。許多股市新手在還沒釐清市場規則前，就花不少時間在比較哪間券商手續費便宜。與其花心思爬文比較券商資料，不如好好拿來研究指標，多研究一檔個股、一個 KD（隨機指標）、MACD（股價指數平滑移動平均線）指標對你們來說都是賺呀！有效幫助你在正式進場時，握有更多實用指標能參考，進而降低誤判風險、提升獲利機率。

　　那肯定會有許多人想說：如果我失敗了，辛辛苦苦存的第一桶金就沒了，該怎麼辦？其實投資本身就不是一項百分之百獲利的事情，所以建議大家在**初期進入股市階段**，可以先分配預算。實際做法是**將薪水的 10% 至 20% 提撥到投資帳戶**（比例因人而異），確保就算這筆錢統統拿去市場「繳學費」，也不至於影響生計。同時也鼓勵大家趁年輕多嘗試不同事情、多去小額試錯，就算跌倒了也無妨，因為最寶貴的經驗通常來自親身體驗！

　　最後套用作者的一段話：「越能保持正向思考，

並努力行動的人,越容易遇到好機會,運氣也比別人好。」正向樂觀的人面臨所有挑戰,都會勇敢前進,找出方法並且付諸行動。這種性格促使他們更有機會在市場上站穩腳步,因為他們透過不斷的自我學習,培養對周遭事物的敏銳度,加以融會貫通,比起一般人更能抓住機會。推薦這本好書給股市新手們,也預祝各位閱讀後,能在股市裡開闢出屬於自己的新世界!

推薦序二
繳學費給市場，不一定是投資股市的必經過程

最年輕的理財書暢銷作家／劉宇玹

　　當沖看 1 分 K、短波段看 30 分 K、大波段看日 K，本書作者在每天尾盤前 30 分鐘檢視持股，正是當日 K 線快要收完之時，不管盤中如何波動，就算有下跌回檔，若個股夠強勢，也會在尾盤之前漲回；反之，則可能收在最低的價格。如果出現這種弱勢 K 棒，再檢視整體型態是否轉弱，以大波段操作為目標，作者這樣的方式，的確適合許多盤中沒時間看盤的上班族。

　　初入股市的新手，往往初生之犢不畏虎，在沒有研究出一套有紀律的策略之前，一下子投入大筆資金，就像在賭博一樣，甚至會賭輸博大，最終繳了許多學費給市場，等到已經把資金賠盡時才恍然大悟、痛定思痛的

努力研究。很多人都覺得，繳學費給市場是投資股市的必經過程，其實並非如此。本書作者整整研究了半年，不斷模擬交易訓練技術，等到模擬交易有一定的勝率之後，才開始真槍實彈，這個觀念是非常可取的。

我在 2011 年左右開始接觸股市時，如果有人能夠提點，讓我知道模擬訓練的重要性，或許可以少走很多冤枉路。我接觸過許多交易同好，其中不乏投資新手，然而真正能夠先落實模擬訓練的人非常少，不知道是不是臺、日兩國人的風土民情有所差異，本書作者的謹慎作風值得學習。

誰能練成分辨趨勢盤與盤整盤的能力，誰就是股市贏家，任何時候的行情都是趨勢與盤整輪流出現，**趨勢盤「順勢而為」、盤整盤「區間操作」**，其中趨勢盤又分為「空方」與「多方」，空方趨勢在反彈賣出、多方趨勢在回檔買進。K 線型態上的學習方向，主要目標是先學會分辨行情，再學習找好的位置介入，但要練就此番功夫並不簡單。

本書作者簡單利用均線找趨勢盤的進場點，對於初學者來說較好判讀，但 K 線型態與均線間的眉角細節很多，有了觀察方向之後，每個人還是要努力找出一套

屬於自己的高勝率策略，畢竟高手只能傳承技術，但經驗的累積還是得靠自己摸索。

一本好的著作，會教導讀者如何建立正確的交易心態，並且具體分享操作策略，策略並非只是單純買進與賣出，最重要的是要明確知道哪裡該防守停損、哪裡該獲利了結，尤其是防守方面的功夫非常重要，風險控管有助於在市場長久生存。切記，股票市場並非賭場，不要抱持著賭博的心態投資，在進場之前要先思考停損點，並且想一想，如果碰到停損，會不會造成自己重大損失、是否能夠承受，如果不能承受，就算進場訊號再明確，也該放棄操作。

股市天天有，一個好的進場點包含可控制的風險！本書作者從心態分享到技術，相信能夠幫助投資人在交易的路上更加進步。

推薦序三
只需要一支手機、3 分鐘，就能決策下單

主升段飆股學院創辦人／茶米博士

如果你強烈渴望改變現狀，要從上班人生斜槓讓股票操作達到財富增長，一定要看這本書。想要逃脫生活與工作中的不愉悅，最快就是設法奪回你人生的選擇權，唯有增加收入來源，從時間、金錢與精神層面抽離，才能夠真正的享受人生自由。

作者的經歷就是現今年輕人的生活縮影，而股票市場是參與財富重新分配最直接的模式，但是這個過程需要「刻意練習」，而成功最快的捷徑，就是先按照已經成功者的方法，去吸收、學習、歸納，並且透過調整細節，打造專屬於你的交易模式，而本書可以達到這樣的效果，是上班族股票交易的入門指引。

作者在股票操作上不用花費許多時間盯盤，也不需要龐大的操作硬體，只需要一支手機、3 分鐘的時間，就能決策下單，然後**按照交易的紀律來執行，其中關鍵因素在於黃金時間段的選擇**，恰巧與我的「尾盤戰法」有異曲同工之妙。

　　本書對於技術分析的應用搭配案例分享深入淺出，此外，針對基本面與技術面的比較與分類，更能夠讓新手投資人了解，什麼是適合自己的操作方式。不同於坊間技術分析書籍直接告訴答案，書中更多的是針對實際操作會遇到的問題，還有交易的風險、勝率與盈虧比等重要觀念，本書也特闢章節說明，提醒讀者股票第一課，其實是風險控制。

　　針對操作技術上，本書對於 K 線與均線操作應用時，與投資人容易產生判斷誤區的細節，分門別類說明該用什麼角度來思考操作的細節，針對財報與股東會則有不同的見解。整體來說，作者提到的技術層面淺顯易懂，能夠快速的應用技術分析工具來進行操作，簡單但執行起來卻不一般。

　　新手踏進股市後，經歷實戰洗禮是非常重要的，努力學習以及經驗的累積是必經過程，如何使用技術分析

方法與進場出場時機，在交易中非常關鍵，只有不斷努力研究分析、檢討成果和修正策略的過程，接著加以實踐，才能夠找到好的股市投資方法，獲取穩定的投資績效。

建議各位股市新鮮人先試著跨出一小步，在可承受範圍內嘗試開始練習，慢慢累積操作信心，相信未來成果會相當豐碩。

前言
我在馬桶上炒股，
月薪多出 50 萬 ¥

各位，不好意思，有件事我必須先跟大家道歉。

我既不是軟銀集團創辦人孫正義，也不是日本 Livedoor 前總經理堀江貴文這種商業天才，更不是股神華倫・巴菲特（Warren Edward Buffett）這種等級的投資者。我只是利用每天蹲馬桶的 3 分鐘，做了某件事的男人而已。而這短短的 3 分鐘，澈底改變了我的人生。

我把所有的事情經過都寫進了書裡，這本書，我想獻給 3 年前的我，和拿起這本書的你。

說實話，我當時還只是個新進員工，雖然年收 340 萬日圓（本書幣值若無特別標註，皆依 2021 年 3 月 15 日當天公告為準，1 日圓約等於新臺幣 0.26 元），但還是相當憧憬六本木新貴（按：指住在六本木新城的富裕階層或在此工作的人士）的生活。那個時候，電視節目

很常介紹，我想任誰都夢想著有天能像他們一樣，過著財富自由的生活。

一開始我花了 200 萬日圓，拜一位六本木新貴為師，展開網路事業。那時我簡直興奮到了極點，以為自己就要像電視劇演的那樣，只要和有名的人見面，抓住機會就可以成功賺到 1 億日圓……但我很快就學到一件事：事情不是憨人想的那麼簡單。我抱著必死的決心投入 200 萬日圓，200 萬耶！結果……別說 1 億了，連 1 塊錢也沒賺到，事業就結束了。

現在回想起來，雖然那是一次很好的學習經驗，但對剛出社會、對做生意一竅不通的我來說，是一次深感絕望的痛苦經歷。但我有個信念，讓我無法放棄。我們家開裝訂廠，想當初爸媽背負巨額貸款，含辛茹苦的把我們三個小孩養大，實在很不容易，我一心想要回報他們。

在父母的照顧下，我從小生活不虞匱乏。後來妹妹和弟弟出生，母親為了維持家計，還額外去送報以貼補家用。長大後，聽到父親原本打算自殺領取保險金以還債時，更是讓我淚流不止。每當我決心挑戰某件事時，無論家裡經濟條件如何，父親總是全力支持我去做，所

以我絕對不能放棄。

大學畢業後，我的第一份工作大概只做了 1 年又 8 個月就辭職，只因為我誤信了那位六本木新貴的話。但在體驗到絕望的滋味、當了 3 個月左右的尼特族後，我就找了第二份工作。雖然有固定薪水，但就是一份死薪水，仍無法抹去我對經濟層面的不安。之後，我為了改變現狀，不斷的蒐集情報，但仍沒有頭緒，很多產品表面上看起來，似乎可以透過網路輕鬆大賺一筆，但實際上沒有那麼簡單。因為以前的絕望經驗，使我變得更膽怯，即使如此我仍不放棄，四處蒐集情報。

就這樣持續了 3 個月左右，我遇到了一本改變我人生的書，書名叫《小林老師教你，如何從年收 350 萬日圓的上班族，變成年收 1 億日圓的財富自由家》（按：小林昌裕，也是本書的監修者。26 歲開始經營副業，2014 年年收入突破 1 億日圓）。我至今難忘當時所受到的衝擊，直覺相信這就是我的命運。

這本書的作者年收入和我相當，給我一種親切感，讓我迫不及待的想找他聊聊！我想他既然可以出書，應該是個值得信賴的對象，所以立刻透過臉書傳訊息給他，而這正是我展開股票投資人生的第一步。這位作者

不只把我當作自家人般給我許多建議，也教導我很多道理，告訴我什麼是人生中重要的事。

「要怎麼做才會成功？」最讓我印象深刻的是，即使聽到我問這種籠統的問題，他仍願意真誠、仔細的回答我，他告訴我：「**努力做好眼前的每一個任務，只要努力持續下去，每年你的人生都會發生改變。**」這句話給深陷絕望深淵的我，帶來莫大的勇氣。

他教我要先珍惜、重視自己的本業，理解為什麼必須拓展其他收入，並介紹了億元級交易者山下勁（按：20 歲至 22 歲研究股票投資法；25 歲完成獨創的技術分析投資法。至 2016 年為止，股票投資收入已超過 1 億日圓）老師給我認識。但老實說，在此之前，我一直對於靠股票賺錢這檔事充滿懷疑……「這根本是賭博吧？」我覺得這是只有特殊天分的人才能做的事，但我心想：「我歷經那麼多挑戰，堅持下來才走到這裡，就信小林老師一次吧！」結果，這使得我對於股票投資的價值觀與想法有了 180 度的大轉變。如果不先踏出第一步，就不會改變現狀，於是我決定一邊當上班族，一邊學習投資股票。

當然，我對股票的知識和經驗，完全是從零開始學

起，幸好山下勁老師的課簡明易懂，周遭也有許多同學做出好成績，帶給我很大的刺激。

上了 6 個月的課之後，我從日本瑞穗銀行提了 50 萬日圓出來，開了人生第一個證券帳戶，戰戰競競的進場買賣交易。沒想到我只花了 1 年 6 個月的時間，就把 50 萬日圓翻了 6 倍，甚至曾在某個月賺到 50 萬日圓。這是 6 個月前、身為平凡上班族的我無法想像的世界，畢竟以一般上班族的薪水來說，要賺到這筆數目可不容易。

世界上玩股票的人多如牛毛，但山下勁老師的交易方式，對把投資當副業的上班族來說再適合不過了。他的方法，不用你整天黏在電腦或螢幕前，而是一天只要花幾分鐘交易即可。你不用一整天盯著電腦螢幕擔心股價的漲跌，也不用一天到晚買進賣出。

我靠每天上廁所的時間買賣股票，漸漸的，我變成了一名「廁所投資達人」。

我一天只檢視一次股價。我會在接近日本股票市場的收盤時間，也就是日本時間下午 2 點半到 3 點之間（按：若無放假，臺灣的股票市場交易時間為星期一至星期五早上 9 點至下午 1 點半），判斷要買進還是賣

| 日本股市的交易時間 | | | | | | |

9:00	前場	11:30	（午休）	12:30	前場	15:00
▲ 開盤交易（開盤價）		▲ 前場收盤交易		▲ 後場開盤交易		▲ 收盤交易（收盤價）
●·····盤中交易·····●				●·········盤中交易·········●		

註：東京證券交易所的情形。

我在下午 2 點半到 3 點間進場

出，過程只需要 3 分鐘，剛好可以趁上廁所的時間買賣。其實也就是拿起智慧型手機點一點。

有一點要特別交代清楚，我並不是因為特別有天分所以才賺到錢，我也是從小白開始，一點一滴持續學習，而且這種交易方式並不會花你太多時間。我認為每個人都可以做到，只要學會，一定能成為一輩子的財產和技能。

我希望和我有相同境遇的人，或希望家人過得幸福的人，一定要讀本書。我也希望本書能為那些完全沒有股票投資經驗的人帶來勇氣。市面上多的是解釋專有名

詞和講解技巧的書，但老實說，光了解這些東西，很難在股票市場賺錢。因此，我希望你在讀本書時，不僅是技巧，還要從思考層面，理解這套股票交易竅門，讓你除了本業的收入，還可以多出數十萬日圓的額外收入。

靠股票賺來的錢，是你額外增加的收入，你可以拿去慰勞辛苦把你養大、從未出過國的雙親，帶他們出國去玩，也可以帶老婆去吃一頓高級晚餐，連小孩去補習英文或鋼琴的學費也都有著落。

增加收入來源，不只能讓你走向財富自由，連精神上也能獲得自由，對於想要守護身邊重要的人來說，這是至關重要的事情。先試著踏出一小步，這一小步會為你日後帶來豐碩的成果，成為你自信心的來源。

我是一個沒有才能、沒有人脈的平凡人，希望大家看完我如何抓住成功機會的過程，可以變得更有信心。我相信只要方向正確，做出對的努力，任何人都能成功。

幻想一夕成功，
差點走投無路！

1

夢想破滅的
倒數計時

　　2014 年，我 22 歲。大學畢業後，我看到朋友們陸續進入大企業工作，好像未來的生活都有了保障，只有我一個人意志消沉，一臉絕望。因為那時的我剛得知一個沉重的事實。

　　「有一件事之前沒跟你說，其實，家裡還有很大筆負債，我們為了還錢拚了命的工作……。」剛出社會的某天晚上，父親把我叫去。平常大而化之的他突然正襟危坐的看著我，我開始緊張起來，直覺事情不簡單。

　　父親淡淡說出實情。由於無紙化風潮大起，印刷業的經營環境越來越惡劣，和我們配合的印刷公司已經倒掉 3 間，3 名會操作機器的員工也陸續離職，只剩下父親母親兩個人硬撐。父親為了提升營收、開拓新客戶，

2

200 萬日圓一夜成空

　　2015 年 9 月，我在臉書上看到有老師招收弟子的廣告後，立刻申請加入，可惜已經額滿了。這個機會好不容易出現在我眼前，我實在不想讓它白白溜走，雖然一開始有些猶豫，最後仍鼓起勇氣，傳送訊息直接聯繫本人，但對方完全沒有回應。日子一天天過去了，我仍單方面不停的傳送訊息給對方，大概是我的堅持打動了他，某天，我居然收到本人的回應了！「如果你是認真的，要不要接受挑戰，看能不能成為我的弟子？」我當下就回答 Yes。明明連成功的邊都還沾不上，我卻如獲至寶似的，心情非常激動。

　　從那天起，我就下定決心，一定要成為老師的大弟子，願意為此接受各種挑戰。我知道競爭很激烈，但我

自認就這件事絕不能輸給任何人，每天不分日夜的全力行動。

為了讓他注意到我，我事先做很多功課，像是他在所有社群媒體（Twitter、臉書、YouTube 等）發表過的訊息，我都要看過，每天搞到半夜 2、3 點是常態，因此上班常遲到，或編理由請假，加上我刻意減少和別人交際，什麼喝酒聚會的應酬一概不參加，上班還時常打瞌睡……別人看到我這樣，可能覺得很奇怪，但身為平凡人的我深知，若不比別人加倍努力，絕對贏不了這場競爭，所以做出這些努力只是剛好而已，總之，我的所有行動，都是為了成為老師的大弟子。

自己的人生，自己當主角！

在超過千名的參賽者中，只有 1 人能脫穎而出，成為老師的弟子。以機率來說是 0.001％，但我對自己很有信心，自認絕不會輸給任何人。聽到他在播放哪一張 CD 的哪首曲子，我就會整首歌背下來，在選拔的時候唱給他聽；我有時間就會直接去找他聊天，即使到了三更半夜也會回覆訊息；解決的課題也比別人多，我在短時間內就做了這麼多事情，所以我告訴自己一定沒

問題。

　　終於到了最終選拔，我從眾人之中脫穎而出，成功獲選！我被老師選為他的嫡傳弟子。我在心裡大聲歡呼，並高舉雙手擺出勝利姿勢。

　　過去的努力終於有了回報，同時我心中的大石終於落下，因為接下來我終於能開始幫到家裡的忙了。要付給老師的顧問費用是 200 萬日圓，雖然心裡有點皮皮挫，但只要能當老師的大弟子，這點錢算什麼，最後還是咬著牙把錢匯過去了。

　　事不宜遲，在老師的建議之下，我先去拍了張個人形象照。這就是當時照的照片（見下頁圖表 1-1），現在回頭看，還真有點害羞。

　　言歸正傳，當上老師的大弟子之後，我就待在他身邊完成一個又一個的任務。因為我們大多一起行動，所以開會可能是在奢華大飯店的大廳，吃飯可能是去高級餐廳，這種過去只能在電視上看到的生活，居然會發生在我身上。我很認真的經營我的生意，希望能早一天和老師一樣出人頭地。

　　這一切原本應該一帆風順，但……。

　　我每天平均睡眠時間只有 3 到 4 個小時，漸漸的，

圖表 1-1　個人形象照

我的時間感開始模糊，時常搞不清楚今天星期幾、現在幾點。這種生活持續 3、4 個月後，我開始睡眠不足、營養失調，每天精神恍恍惚惚的。我自己覺得沒什麼問題，但周遭的人覺得我變得很奇怪，越來越多人開始擔心我。

　　我努力照著老師的話做，卻沒有賺到半毛錢。最後，公司也發現我在外面有副業，被主管、人事部的人約談。果不其然，我被迫辭掉工作，加上我的副業接連

遭逢幾次挫敗，眼看就快撐不下去了。

「這樣下去真的不妙……。」我對未來越來越感到不安。一開始以為已經抓住成功的機會，但沒多久才發現自己有多麼少不更事。漸漸的，我的存款見底、身體累垮，女朋友和身邊的人要求我停下來的壓力也越來越大，我只好放棄。勞心勞力好不容易才爭取來的機會，卻因為自己經營不周只好放手，成為六本木新貴的美夢瞬間破碎。200 萬日圓的投資只換來一場空。

被孤立在絕望的深淵、沒有工作、一文不值的我，要拿什麼顏面來面對我的家人？「我真的很沒用……果然我只是個平凡人，做什麼都不會成功……。」我絕望的想，但這時，我腦中浮現出家人的臉龐。父母付出的努力和嘗到的辛酸不知道比我多幾百倍。看到他們即使面臨危機，仍不停下腳步、持續努力工作的樣子，就覺得自己怎麼可以如此垂頭喪氣。我告訴自己不應輕言放棄，只要一條命還在，還有什麼風險不能擔。

3

一本書，
開啟我的股票人生

　　才剛看到人生的曙光，卻又一口氣墜入深淵。到了這個地步，除了回去當上班族，沒有別條路可走了。為什麼？因為如果自己管理不好自己，那就只好請別人管自己了。當一名上班族，什麼時間要上班？做什麼？領多少薪水？全都被別人管理得好好的，再加上有固定的休假時間，確實可以讓人感到安心和穩定。我打開求職網站，決定去找我人生的第二份工作。

　　除了提交履歷表之外，我也找人力仲介公司幫忙，但迎來的卻是不斷的拒絕。我嚴重喪失了自信，「我果然是個沒用的人。」我沮喪的想。漸漸的，我開始足不出戶。

　　就在某天，母親用溫柔的聲音，對意志消沉的我

說：「在找到下一份工作之前，要不要回家裡幫忙？」所以我就以打工的性質，回家幫忙 1 個月，爸媽似乎怕我的心情受影響，很有默契的都沒詳細過問我之前經營失敗，以及找工作不順的事。

我也曾考慮過乾脆直接繼承家業好了，但畢竟在外面工作的收入較高，又有穩定薪水能幫家裡的忙，所以就放棄這個想法。現在回想起來，其實父親已經做好很多準備，彷彿在暗示我：「就算你想繼承家裡的事業也可以。」想到父親如此為我著想，更讓我下定決心，一定要在外面做出一番成績。

就這樣，我一天天過著這種不知未來在哪的日子時，忽然接到一通電話。我投履歷的其中一家公司，通知我通過書面資料審查，如果進一步的遴選順利，就能得到這份工作了。

但光靠這份工作，還是無法解決家裡的債務問題。我在這間公司的年收大約有 360 萬日圓，離財富自由還很遙遠。我雖然轉職成功，卻依舊無法弭平內心的不安。

我一邊工作，一邊想著接下來要怎麼辦，不斷尋找下一個機會。只要上網查，隨便都找得到一堆網站或文

章寫說可以輕鬆賺錢的商品情報，或看起來怪怪的教學課程，但我知道我禁不起犯同樣的錯，所以非常慎重的挑選資訊。

　　某天，我在午休時間和往常一樣上網瀏覽訊息，就像命中註定一般，我遇見了某本書。當時的我根本不曉得這本書，會對我往後的人生造成這麼大的改變。

4

先從本業累積本金

　　這本書就是小林老師寫的書，書名是《小林老師教你，如何從年收 350 萬日圓的上班族，變成年收 1 億的財富自由家》，或許是因為我當時的年收，與他書上標題寫的年收數字相近，第一眼看到就特別有親近感。我沒想太多就買下這本書，並很快的讀完。我當時心中第一個想法就是：「我想立刻跟作者見面！」他在書中指出，身為上班族，除了努力工作之外，應該要拓展各種副業，不斷為自己創造額外的收入來源。

　　一邊當上班族，一邊靠副業增加收入……我相信這個方法，連我這樣的平凡人也做得到。但之前「六本木新貴」的失敗經驗又浮現在我腦海中。

　　我內心越來越不安，擔心見到本人後，會被對方索

取高額顧問費，或是成為詐騙案件的受害者。不過對方出過書，應該有一定的可信度。如果什麼都不做就放棄的話，那我就只能繼續當一個普通的上班族。人生似長實短，我不想放棄難得從天而降的機會，所以鼓起勇氣去見他。

我按圖索驥來到東京都內一間高級的摩天大樓。我很驚訝，沒想到這世上真的有人住在這種地方。這是怎麼辦到的？怎麼樣才能住在這種地方？我內心驚奇連連。我想知道，一個普通的上班族，如何住得起這種高級的摩天大樓，其中到底有什麼祕密。

我按捺住自己緊張的心情，照約定時間來到他家。終於和他見面了，我把自己過去的人生經歷，以及對未來的徬徨一口氣傾吐而出。他很認真的聽我說完，然後緩緩說出他的建議：「好好珍惜現在本業的收入，然後靠副業多打造幾個收入來源吧！」

這句話從一個本來年收 350 萬日圓，變成年收 1 億日圓的上班族口中說出來，實在很有說服力，我受到鼓舞，決定要勇往直前，相信自己也一定能做到！

雖說如此，但其實我一開始還是挺忐忑的。幸好小林老師鼓勵我：「你只要努力去做，就會和我一樣成

功！」我才鼓起勇氣往前邁出第一步。從那天起，我全心投入副業，正式展開我的副業人生。

　　平日我早上 8 點起床到公司上班，工作到晚上 5 點，剩下的時間我去找了時薪 1,000 日圓的副業來做。就這樣，我每個月除了公司的薪水，還增加了 5 萬日圓的收入，光是這樣我就覺得很開心了。

　　某天，正當我想要再進一步增加收入時，又有一個機會來了。以前就聽說過億元級股票交易者山下勁老師很厲害，沒想到小林老師要把他介紹給我認識，這次的機會更是大幅改變我的人生。

　　很多人經常會把這些話掛在嘴邊：「我都遇不到好機會。」、「真不走運。」確實，我們有時都會覺得自己很衰，或是為什麼那個人總可以遇到那麼好的機會等。但是，**唯有歷經多次挫敗，仍不斷站起來繼續前進的人，才有辦法在機會來臨時，緊緊抓住。**

　　「越能夠保持正向思考，並努力行動的人，越容易遇到好機會，運氣也比別人好。」正向思考、努力行動的人，不僅執行力比別人強，對情報的敏銳度也相對較高，更容易迅速獲得各種資訊，並從中選出自己需要的。

5

做股票，
需要學習與訓練

　　老實說，我過去一直認為股票投資就是賭博，真的能從股市勝出的人只有一小部分，其他有九成都是輸家。既然如此，身為平凡人的我，怎麼可能從股票中獲利？

　　當時，公司的主管或前輩，很多人手中都握有股票，但也沒聽說過誰賺大錢，印象中，絕大部分的人都是被套牢或虧損。因此，我從來沒想過要投資股票，但聽過山下勁老師對於股票交易的想法後，我對股票投資的價值觀與概念，有了 180 度的轉變，也解開了我之前的偏見和誤解。

　　我永遠忘不了他說的第一句話：「如果沒有經過學習和訓練，最好不要碰股票。但如果你好好努力的學

習，絕對會為你的人生大大加分。」我之前遇到的六本木新貴都告訴我賺錢很簡單，只有他說的和其他人都不一樣。

聽完他說的這番話，我對股票的印象大改觀，決定要好好努力學習。其實做什麼事情都一樣，**在正式上場前都要不斷訓練和練習**。比方說，你很想考上某間理想的學校，在這之前，你可能要去補習、寫考古題、參加模擬考等，最後才去正式考試。運動也一樣，像箱根驛傳（按：往返於箱根的大學馬拉松接力賽），或四年一次的奧運等比賽，選手們都必須比別人加倍努力才有資格挑戰。我想表達的是，股票投資也和考試或運動一樣，在正式上場前，必須擁有扎實的訓練。

股票是非常大眾化的投資選項，開證券戶也不用手續費，每個人都可以輕鬆投入。但是，想從股票市場賺錢並不簡單。如果抱著想在其中輕鬆大賺一筆的輕浮心態，完全不曉得這市場中有許多競爭者，包括億元級交易者、海外投資人、避險基金等，你根本毫無勝算，而且寶貴資金一下子就被吃掉了。

為了避免發生這種慘劇，你必須先學習股票知識和訓練。我感覺很多人對股票投資有錯誤的觀念，最恐怖

的是，有些人直接跳過學習過程就開始交易。

　　如果我沒遇到股票投資（或說山下勁老師），絕對不會有現在的我。如果當時沒有鼓起勇氣往前跨出一步，現在很可能還是一位對現狀以及未來惶恐不安的上班族。

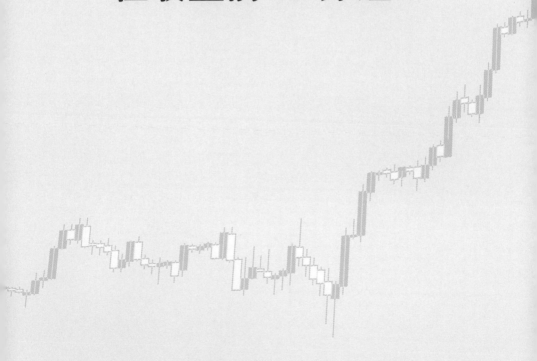

chapter

2

黃金交易時間，
在收盤前 30 分鐘！

1

一天只花 3 分鐘，
月薪多出 50 萬 ¥

　　一說到買賣股票的人，大家腦中浮現的是什麼畫面？是坐在連接好幾臺螢幕的電腦前，盯著線圖看這樣嗎？這是許多人的偏見和誤解之一。

　　電腦只要一臺就夠了，甚至只要身上的那支智慧型手機，隨時隨地都可以交易。有錢買好幾臺螢幕，不如把這些錢拿來當作投資資金。最重要的是，先確立自己的投資方法，提高執行力才是正確的做法。

　　先說結論，我的交易模式不用花很多時間，卻能累積獲利。我都是利用工作或生活的空檔時間交易，像是上廁所、喝杯茶、排隊結帳、等衣服洗好等。**如果投資會影響到日常生活或本業的話，那就是本末倒置**，我的投資方法，一天只要花 3 分鐘。

　　有些人認為自己的本業已經相當忙碌，沒有多餘時間投資股票。他們很擔心，就算一開始勉強空出時間來，等到工作繁忙時，可能就無暇顧及，沒辦法長期持續下去。因此在本書中，我會告訴大家，**如何用一支手機，在一天當中，找一個空檔投資股票的方法。**

　　以我來說，我在下午 2 點半，一定會處理股票事宜，這已經變成我的例行公事，我會假裝去上廁所，然後進行交易。

　　某天，我試著把賺到的金額換算成月薪，沒想到居然能讓我賺進 50 萬日圓。如果只是靠本業工作來賺這筆錢，一定要付出許多心力。能夠輕鬆達到這樣的成

就，也是股票的魅力之一。

　　股票投資所獲得的收入可以讓生活更寬裕些，因為這些投資不會占用你太多時間，也不會影響原本的工作，但每個月的收入卻可以多一倍。我在公司上班的時候，總是在固定時間離開座位，周遭人一定會起疑，甚至可能認為我身體不好，但我不在意，反正每天就是固定時間去廁所，花 3 分鐘的時間按按手機交易，確實累積獲利。

　　就這樣，一天 3 分鐘，大幅改變了我的人生。和我一樣忙碌的各位，絕對可以用這個方法賺錢，期待看過本書的讀者，從明天開始跑廁所的次數會變多喔。

2

黃金交易時間，
在收盤前 30 分鐘！

　　日本股票市場（東京市場）的交易時間為平日日本時間的早上 9 點到 11 點半（前場），與中午 12 點半到下午 3 點（後場），各 2 個半小時，總計 5 個小時（按：臺灣的股票市場交易時間為平日早上 9 點至下午 1 點半，中間不休息）。

　　早上 9 點到 9 點半，開始交易的前 30 分鐘（開盤），是一天當中價格波動最大的區間。12 點半到下午 1 點的前 30 分鐘，同樣也是價格易有大波動的時候，特別是當午休時間突然發生影響股價的事件，後場開盤的波動更是劇烈。**我交易的原則，就是盡量避開大波動的區間，等到股價收斂的尾盤（收盤）再下單。**早上股價下跌，下午就回升，這種狀況可說是家常便飯，

這也是為什麼我總是在股價收斂時交易的原因。大家可以觀察一下周遭的人，是不是有些人上班時會不時偷瞄手機，然後一下開心一下擺臭臉。

其實真正重要的區間，是下午 2 點半到 3 點的最後 30 分鐘。對我來說，下午 2 點半到 3 點是黃金時段。一到這個時間，我一定拿起手機衝去廁所，檢視之前選定好的標的股價如何變化。如果達到交易條件，我就會下單買進或賣出，如果條件不成立，那就什麼也不做。這當中我只花了 3 分鐘。沒錯，這就是我的一日 3 分鐘投資法的全貌。在公司，一到下午 2 點半，我一定會離

💡 **小知識**

● **為什麼要在尾盤交易？**

開盤後的前 30 分鐘為當沖客買賣時間（9:00 到 9:30），價格容易受影響，而在尾盤交易，可以大概了解產業的走向、資金整體的流動，以及個股走勢。

註：此為臺版增補資料。

席去廁所，大家大概覺得我這個人怪怪的，但我不在意，重要的是我能靠這樣增加我的資產。這個經驗讓我學到寶貴的一課，那就是學會讓資產替自己賺錢，是多麼重要的一件事。

▶ 專欄　收入的型態

　　大家對於收入的型態有概念嗎？

　　我認為理解這個概念，對思考自己的人生來說非常重要。懂得活用這個概念和不懂得活用的人，他們未來的人生將有如天壤之別。下面我會使用現金流象限（Cashflow Quadrant）跟大家說明。

　　所謂的現金流象限，是美國著名投資人、實業家羅勃特・Ｔ・清崎（Robert T. Kiyosaki）在他的著作《富爸爸，窮爸爸》中所提倡的觀念，他把現金流分成四個種類。

　　一般人不是上班族就是自僱者。

　　Ｅ（上班族）與Ｓ（自僱者）大家比較容易理

圖表 2-1　現金流四種類

E **Employee** 上班族	**B** **Business owner** 企業主
S **Self-emplyed** 自僱者	**I** **Investor** 投資人

解。但 B（企業主）和 I（投資人）我想對一般人
來說，概念比較模糊。自僱者指的是自己成立事
業，自己經營公司。企業主的情況則不同，他會尋
找優秀人才來幫忙經營公司。投資人則是指新創投
資、不動產投資、金融市場投資等，打造一個能靠
錢滾錢的模式來賺錢。

　　圖表 2-1 可以分左右兩側來看：E（上班族）
和 S（自僱者）是靠本人的勞力獲得收入；B（企

業主）和 I（投資人）則是靠資產替他們賺錢來獲得收入。股票投資就是屬於 I（投資人）。

　　當投資人的好處就是，就算本人因為生病、意外無法工作，只要有一支手機和操作股票投資的能力，並持有投資資金，就不至於生活困頓，還能守護家人。請大家不時的把現金流象限圖放在腦海中，然後再思考自己的選擇，這可是我們活在資本主義社會中最大的特權，也是資本主義最大的魅力所在。

　　了解它的魅力，你也能找到自己的方法，運用資產賺錢。現金流象限圖告訴我們很重要的一件事：「你想要變成哪一種人？」你過去是在哪一個象限？未來想要跨入到哪一個象限？我認為這張圖可以給你一個很好的思考機會。

3

我只看 K 線和移動平均線

　　我常聽到很多人說：「股票聽起來好難。」我猜他們對股票投資的印象，就是要學好多專業術語，還有做企業分析，因為我以前也是這麼想的。

漲跌訊號就藏在 K 線中

　　我一開始也是什麼都不懂，什麼 K 線（見下頁圖表 2-2，按：又稱蠟燭線，是反映價格走勢的一種圖線，廣泛用於股票、期貨、貴金屬、數字貨幣等行情的技術分析）、移動平均線（按：過去一段時間的平均成交價格，最主要目的是用來判斷趨勢，通常是預期市場現在跟未來可能的走勢），完全沒有概念。當時，我身邊並沒有光靠買賣股票就賺大錢的人，賠錢的人倒

圖表 2-2　K 線圖的基本型態

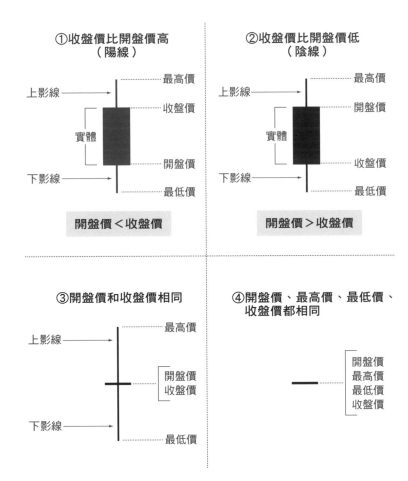

①收盤價比開盤價高
（陽線）

上影線 ——→ 最高價
收盤價
實體
開盤價
下影線 ——→ 最低價

開盤價＜收盤價

②收盤價比開盤價低
（陰線）

上影線 ——→ 最高價
開盤價
實體
收盤價
下影線 ——→ 最低價

開盤價＞收盤價

③開盤價和收盤價相同

上影線 ——→ 最高價
開盤價
收盤價
下影線 ——→ 最低價

④開盤價、最高價、最低價、
收盤價都相同

開盤價
最高價
最低價
收盤價

是不少，這導致我有先入為主的觀念，認為股票很難，但實際操作後，和我想的完全相反。**我的方法既不用看企業的財務報表，也不用蒐集市場情報**，從結論說，**我只要專心觀察由 K 線和移動平均線所構成的線圖即可。**看圖表不只可以追溯某檔股票的過去，也可以抓住它的特徵，預測未來走向，就像是寫考古題和模擬考一樣，從之前的題型中得到靈感，並活用在未來的趨勢。看圖表的型態，然後預測明天之後股票會上漲或下跌，這對沒有投資經驗的我來說，是很好的起點。連在校成績都不上不下、平凡如我都能做到，我相信大家只要透過訓練，一定可以靠股票獲利。

不能只看四季報和財報

《公司四季報》（按：日文原文為「会社四季報」）會在每一季提供在日本國內證券交易所上市的所有企業的最新情報。裡面刊載的不只是企業過去的業績或股價，還會透過實際的採訪，提供業績預測。該季刊在 2016 年迎接創刊 80 週年，在企業情報誌領域中，它的銷售量依然穩居龍頭寶座。

《公司四季報》就如同它的名稱一樣，是 1 年發行

4 次（3 月、6 月、9 月、12 月）的企業情報誌（按：
臺灣所出刊的《四季報》分為春季號、夏季號、秋季
號、冬季號，分別於農曆年前 10 天、5 月底、8 月底以
及 11 月底出刊。另外《股市總覽》則是每年春、夏、
秋、冬四季出刊，分為上市與上櫃兩類）。每一期的
發行量約 50 萬冊，在企業情報誌領域的市占率高達八
成，而且長年維持不墜，是一本濃縮公司財務分析，與
企業未來展望等情報的書。

　　公司四季報中塞滿了投資股票時，被認為是必要
的資訊，但如果你想藉此來做交易，就代表你必須從
三千多間公司（見圖表 2-3，按：據金融監督管理委員
會證券期貨局全球資訊網統整，臺灣 2020 年上市公司
有 948 家，上櫃有 782 家）中，一間一間分析應該投資
哪一支股票，這對每天忙於工作的人來說是很累人的作
業，而且公司的資訊會隨著時間改變，你可能每一段時
間就要重新研究一次，會耗費你龐大的時間。

　　這種投資方法，是學看公司的財報、季報，然後買
進財報數字亮眼的公司的股票，初學者第一個最想學的
投資方法就是這個，但老實說我並不推薦。為什麼？因
為當你買進的時候，或許時機點不錯，但你沒有決定什

麼時候該獲利了結，當你真的忍不住想賣時，報酬可能不盡理想。這種投資手法本身沒有問題，有問題的是你沒有先建立好股票投資的觀念，也就是**這支股票買了之後什麼時候要賣，賣了之後什麼時候買回來，只要沒有這個觀念，你買股票就很難大賺。**

等你研究很多檔股票之後就會發現，業績好的公司，股價不一定會上漲，反過來也一樣。基於這個理由，**我強烈建議不要光看公司的財報、季報等訊息作為交易的判斷依據。**

圖表 2-3　臺灣上市上櫃公司家數

年度＼家數	上市公司	上櫃公司	年度＼家數	上市公司	上櫃公司
2010	758	564	2016	892	732
2011	790	607	2017	907	744
2012	809	638	2018	928	766
2013	838	658	2019	942	775
2014	854	685	2020	948	782
2015	847	712			

資料來源：金融監督管理委員會證券期貨局全球資訊網。

4

每月增加資產的 5%，
50 萬就會變 1 億

　　大家聽到買股票賺錢時，覺得會是怎麼樣的賺法？

　　「大賺 100 萬！」、「我買的股票漲 20 倍！」如果是像這種的，那可是天大的誤會。或許這麼說也不對，因為有時候交易確實能帶來這樣的獲利，但這種賺法的可複製性非常低。

　　當市場行情整體往下走，股價變得較便宜時，有些人會趁機鎖定小型股、成長股等所謂的飆股抄底，希望可以獲得 10 倍的報酬，但這麼做其實很危險。投資時，必須對該檔股票的市值有概念，這一點非常重要，詳細內容我會在第三章解說。

　　假如有人真的選中未來可以飆漲數倍的小型股、成長股，這樣的人一定是運氣好、來自未來、天才。只要

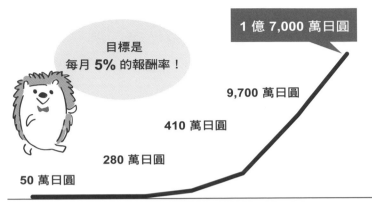

各位讀者自認是這三種人之中的一種，那就盡量鎖定小型股或成長股吧。如果不是，那就千萬別這麼做。

那麼，要用什麼樣的觀念來增加資產比較正確？其實，投資股票時，最重要的就是面對現實和事實。什麼是股票市場的現實和事實？那就是：「股票買的人多就會上漲，賣的人多就會下跌。」這個觀念非常重要。另一個也很重要的觀念就是：用 1 個月的時間，把 50 萬日圓變成 52.5 萬日圓。

每個月增加資產的 5% 很重要。假設你從 50 萬日圓開始投資股票，每個月都有 5% 的獲利，持續 10 年

的話，你覺得 50 萬日圓會變成多少？答案是 1 億 7,000
萬日圓。沒錯，每個月 5% 的威力就是這麼大。一定要
先建立這個觀念，千萬別忘了。

5

我月收 50 萬日圓的
交易實績

人們常說「散戶九成都是輸家」，這代表想要在股票市場賺錢真的很難。大家可以統計一下身邊有多少人投資股票能穩定獲利？恐怕不多吧。也是因為這樣，股票投資經常被認為跟賭博沒兩樣，但完全不是這麼一回事。只要遵守交易紀律，就有可能確實累積獲利。

我個人是從一張白紙開始投資股票，現在除了原本的工作外，只要用上廁所休息的 3 分鐘，就能達到一個月獲利 50 萬日圓的實績，我是怎麼辦到的？接下來，我將公開我過去的交易紀錄。

人生第一次的股票交易

山下勁老師告訴我：「新手剛起步的半年，最好不

要實際進場買賣。」因此，我每天下班回家之後，先吃飯、洗澡，真正開始看上課影片時，通常已經深夜了。一開始，我完全聽不懂他說的內容，所以只能反覆觀看。後來我連通勤時間、午休等空檔，都用來學習投資股票。

後來，我漸漸的了解那些專有名詞的意思，還有股票的交易技巧和思考模式。我雖然很想趕快進場，但也只能先按捺住，用模擬交易工具做訓練。現在回想起來，這個順序真的好重要，先利用虛擬方式買進和賣出，試試看自己的實力是不是真的可以獲利。畢竟，如果連練習的時候績效都不好，正式交易一定也好不到哪裡去。我持續努力鍛鍊，不知不覺，模擬交易的勝率變得越來越高，自信心也就培養起來了。

開始學習做股票 6 個月後，我打開手機中的證券公司 App，開始觀察圖表，沒多久就發現某檔股票出現訊號！以它目前的狀態來看，明天會上漲，我趕緊衝進廁所，時間是下午 2 點半，我戰戰兢兢的按下買進。我記得很清楚，當天晚上我整夜沒睡，擔心死了，害怕如果自己買的股票明天下跌了怎麼辦……。

初次交易，結果⋯⋯

　　結果，我買了 200 股，總共獲利 8,573 日圓（見圖表 2-4）。透過這次的成功，我一頭栽入股票投資的世界，更翻轉了我未來的人生（按：以下股票代號皆為日股代號）。

　　有了第一次成功交易的信心做基礎，之後只要看到

圖表 2-4　買進 200 股，獲利 8,573 日圓

（股票代號）商品名稱		交易	賣出／結算金額（手續費）	買進／交易日期	買進／成交均價	損益金額／交易稅（含地方稅）
交易日期	數量	交割日期				
（4613）關西塗料		賣出股票	236,530（270）	2018/7/20	232,600	+3,930
2018/7/18	100 股	2018/7/23				
（4613）關西塗料		賣出股票	254,143（257）	2018/7/27	249,500	+4,643
2018/7/26	100 股	2018/7/31				

獲利 8,573 日圓

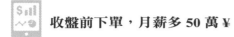
股票的圖表出現進場訊號，我就會衝去廁所下單，久而久之就成了一種習慣。每次的交易我都會依照條件進場出場，獲利了結，就這樣一點一滴累積我的資產。每次獲利雖然都不多，但積少成多累積下來，就成功達到月收 50 萬日圓的成績。

以平常上班來說，一個月要賺 50 萬日圓並非易事。月收 50 萬日圓，以一般企業來說，大概要是課長或部長等級，對於當時一個月薪水只有二十多萬日圓的我來說，本業以外還能有這樣的收入，實在非常可觀。

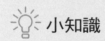 小知識

　　股市上漲稱多頭。股市下跌稱空頭。十年來股市都是上漲的稱大多頭。

臺灣交易手續費：

交易成本	手續費	交易稅
費率	0.1425%	0.30%
收取時機	買進時、賣出時	賣出時
是否有折扣	有	無

註：此為臺版增補資料。

6

遇上股市大暴跌，
我照樣賺錢

　　2020 年爆發新冠肺炎，導致股市大幅下跌，應該有許多投資人在這次的崩跌中虧損吧。這次的暴跌與回升來得如此猛烈，特別對雷曼風暴以後才踏入股市的投資人來說，應該是惡夢一場。

　　新冠肺炎風暴造成的金融混亂，和日本 1990 年代的泡沫經濟崩壞，以及 2008 年的雷曼兄弟事件等，因金融因素對實體經濟造成影響的危機不同，這是一個沒有任何人經歷過的狀況，連市場本身也不太曉得要往哪裡走。新冠肺炎凍結了人的交際和實體經濟活動，可說是一場前所未有的危機。

　　有人因為股價大幅下跌造成巨大損失，也有人因此而賺錢，下面我會介紹我當時是怎麼交易的。

（見圖表 2-5）

股票名稱：王子控股

股票代號：**3861**

2020 年 2 月 21 日放空（按：又稱賣空、做空，指當投資人預期未來股價會下跌，先向券商借股票拿去賣〔券賣〕，之後當股價下跌，就可以用較便宜的價格買回這張股票來還給券商〔券買〕，從中賺取價差）、2月 25 日獲利了結。

股票名稱：樂天

股票代號：**4755**

2020 年 2 月 21 日放空、2 月 27 日獲利了結。

除此之外，我預測日經指數 2020 年 3 月也會和 2 月一樣續跌，只要日經指數下跌，日經反二（按：與日經指數為對比股票）這檔個股就會上漲，所以我做買進。

（見第 81 頁圖表 2-6）

股票名稱：日經反二

股票代號：**1357**

2020 年 3 月 6 日放空、3 月 10 日獲利了結。

圖表 2-5　股市暴跌，我這樣賺

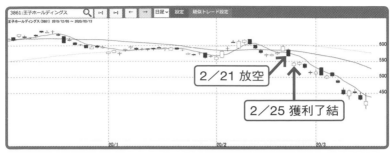

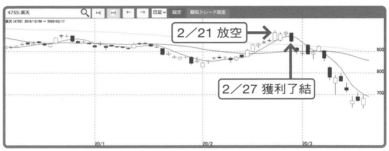

全部 ▼	預估總損益	+355,907 日圓
筆數 **2**	預估損益率	**+4.04%**
商品 買賣／帳戶 回補期限	現值 成交均價	預估損益 預估損益率
王子 **HD** 3861 券賣／特定 6 個月	539 日圓 **573.40 日圓**	+171,050 日圓 +5.96%
樂天 4755 券賣／特定 6 個月	958 日圓 **989.00 日圓**	+184,857 日圓 +3.11%

日經反二的交易大概花了我 5 分鐘。

只要經過訓練，即使是暴跌的行情，也可以不用花太多時間研究，確實增加資產，我都是照著本書介紹的技巧來做交易。

在日本有一個根深柢固的觀念，那就是用勞力工作換得對等的金錢是一種美德，但在亞洲其他國家、歐美各國，用資產來賺錢提高收入的觀念比我們強太多了，而且是從中小學就把金融素養作為義務教育的一環。

建議大家也要這樣，不只是工作賺錢，還要加強理解資產也能替你增加收入的概念。我們的目標不只是經濟上能更寬裕些，還包括時間上、精神方面的安心感，讓我們的人生過得更加豐富。

我如果沒有遇見股票投資，絕對不可能過我現在的生活。多虧股票的收益，我的蜜月旅行可以去加州迪士尼樂園 9 天，還能帶老婆去六本木的會員制餐廳吃飯，和 2 年前的生活水準相比，大幅提高許多。

我所經歷的一切，各位讀者絕對可以辦到。基本上只要看線圖，根據訂好的規則做買進賣出就好。無論你是有心想踏入股票交易世界的人，或是希望交易能力能更上一層樓的人，都可以透過本書，共享我眼中的股票

投資世界。下一章，我會跟大家解說，我從山下勁老師
身上學到的八招心法。

圖表 2-6　日經反二交易數據

全部 ▼	預估總損益	**+1,181,075 日圓**
筆數 **1**	預估損益率	**+17.27%**
商品 買賣／帳戶 回補期限	現值 成交均價	預估損益 預估損益率 >
日經反二 1357 資買／特定 6 個月	1,315 日圓 **1,120.90 日圓**	**+1,181,075 日圓** **+17.27%**

小知識

資買：和券商借錢買股票，券商借投資人六成，投資人自付四成費用。

資賣：賣掉和券商借錢所買的股票。

例如：某股票股價目前 100 元，你看好這檔會上漲到 200 元。而你用資買的話，券商會借投資人 60 元，投資人只要負擔 40 元即可。

如果股價真的漲到 200 元的話，投資人的獲利則為：

200 － 跟券商借的 60 － 自己成本 40 ＝ 100 元，即獲利 10 萬元（100 元 × 1,000 股）。

註：此為臺版增補資料。

chapter
3

新手多關心帳面盈虧，
高手會先算曝險資金比例

1

進場觀察趨勢，
出場計算變動率

做投資判斷的分析法，可分為技術面分析和基本面分析。在各種意見紛雜的資訊洪流中，**我選擇每個人都能看得懂的技術面分析作為交易準則。**

2008 年的雷曼事件、2015 年的中國股災、2020 年的新冠肺炎危機，我想很多人只要看到這些新聞，感想一定都是：股票果然是很恐怖的東西。下面，讓我們一起回顧 2020 年 2 月以後的股市，我會用技術面分析的層面告訴大家我是怎麼想的。

隨著新冠肺炎擴散到全世界，2 月之後，全世界主要交易市場的股價指數均大幅滑落，相信很多人看到都嚇呆了。當指數大幅下跌，有些人內心恐慌，相反的，也有人趁機獲利。

對於不習慣激烈行情的人來說，一定會被嚇得不知所措。發生這種狀況時，我們應該如何處理？首先我要告訴大家的是，反應速度很重要。在行情下跌時，我不會買股票而是會持續觀察，而且當股價出現變動時，要立刻判斷該不該停損。當行情暴跌或暴漲時，看似很難處理，其實也沒這麼難。除了第一章我告訴大家的訓練和練習之外，再來就是累積經驗。

　　股票投資最重要的條件可粗略分為兩項：可運用的資金和操作能力。

　　這裡我們要談到操作能力。所謂操作能力，第一個要掌握的就是「趨勢」。股價從今天開始是往上還是往下，這一點沒先搞清楚的話，可能都站不上起跑點。了解趨勢後，再來就是判斷會有多少變動的「變動率」（按：由當天的股價與一定的天數之前的某一天股價比較，其變動速度的大小，來反映股票市場變動的快慢程度）。如果無法判斷變動率的人，就找不到出場點。有了進場點和出場點，這時你才能真正抬頭挺胸的說：「我在做股票投資。」

　　做股票在進場點和出場點都要有依據。所謂進場點，就是要考慮趨勢，出場點要考慮變動率，不是獲利

了結，**就是停損**。如果沒有先在腦中模擬這兩個條件，基本上成不了股市贏家。

　　8%、16% 的變動率，是我決定進出場的判斷原則。從 2020 年 2 月開始，日經平均指數以驚人的速度下跌。如果用「8%、16% 的變動率」這個概念要怎麼應付？下面我解釋給各位聽。

　　這種大幅度的下跌，一年之中通常會出現幾次。

　　2008 年 9 月發生的雷曼事件，日經指數從 13,000 點往下跌落三次 16%，最低甚至來到 7,000 點；2020 年 2 月 6 日，日經指數從 24,000 點一口氣下跌 16%（見圖表 3-1），連跌了 5 天左右，之後又跌了一次 16%。

　　我做的技術面分析投資在觀察日經指數時，最重

圖表 3-1　日經平均指數從 2020 年 2 月開始大幅下跌

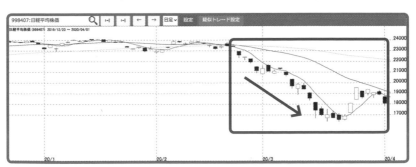

要的就是 8%、16% 法則。每次面對這種大跌就賠錢的
人，我希望你們可以把心思從想要贏的心態，轉變成該
怎麼贏、要怎麼做才會贏。請放心，只要好好學習技術
面分析的手法，你也可以做進出有據的交易。

2

我不投資市值少於
5,000 億的公司

　　股票交易可分為兩種：國內股票交易，以及海外股票交易。

　　初學者應先從國內股票交易開始。國內的股票，很多都是我們平常生活中聽得到的大公司，你可以透過網路、電視、報紙、雜誌蒐集到許多情報（臺灣也可從報紙、雜誌、網路平臺來蒐集相關資訊）。

　　在證券公司買得到的股票，就是所謂的上市、上櫃公司，大家下的單子會集中在這裡進行買賣。所謂上市，就是指獲得證券交易所認可、可以進行買賣的商品。日本全國有四間可以申請上市的證券交易所，分別是東京、名古屋、福岡、札幌（按：臺灣可於臺灣證券交易所申請上市）。

圖表 3-2　上市、上櫃、興櫃、未上市區別

種類	說明	交易場所
未上市	泛指不是在集中（上市）或店頭（上櫃）市場掛牌交易的股票。	私下買賣
興櫃股票	公司已申報上市櫃輔導。經過 2 家以上證券商書面推薦。在櫃買中心所在地設有專業股務代理機構辦理股務。	證券商營業處所
上櫃股票	已公開發行，並於店頭市場（按：提供上櫃股票交易的市場）以開掛牌買賣的股票。	臺灣證券交易所
上市股票	已公開發行，並於集中市場（按：提供上市股票交易的市場）以開掛牌買賣的股票。	臺灣證券交易所

註：此為臺版增補資料。

　　日本國內規模最大的證券交易所是東京證券交易所（簡稱東證），上市的商品數量在 2020 年 7 月 15 日這天來到 3,717 家。東京證券交易所設有 4 個股票市場，有東證一部、東證二部、Mothers、JASDAQ，每個股票市場都有自己的特色。

　　例如，東證一部是提供大企業、中堅企業上市的市場，許多海外投資人都會參與，是國際型的大型股票交易市場；東證二部是提供中堅企業，包括支撐日本經濟

支柱的老牌企業上市的市場；Mothers 市場偏向新創企業，在這裡上市的公司，目標都是進入東證一部上市，屬於登龍門型的舞臺；JASDAQ 市場分成兩個，一個是針對有一定實績的成長型企業所設的 Standard 市場，一個是針對未來成長性很高的企業所設的 Growth市場。

雖然有那麼多市場，但我們要怎麼挑選股票？

我挑選股票最重要的依據，就是該公司的「市場價格總額」（市值）。所謂市場價格，指的是該檔股票當天在市場的股價，市場價格總額，就代表該股價乘上已發行的股份總數得出來的數字。以市值作為基準的話，我只會挑選市值 5,000 億日圓以上的股票來交易。

很多人都喜歡找未來有成長性的股票買，但**小型股的市值較小，有時光是一天的股票變動率，就可以破壞掉線圖的型態**，讓人很難預測未來走向，交易也就比較難有根據。所以，大家投資的時候一定要注意該檔股票的市值才行。

市值的計算方法

怎麼計算上市企業的市值？很簡單，就是股價×已

發行股數。如此就可以計算出企業目前的價值。

　　現在日本股市總市值冠軍是是豐田汽車。

　　股價與已發行股數如下（2020 年 7 月 15 日）：

股票名稱：豐田汽車

股票代號：7203

股價：6,835 日圓

已發行股數：3,262,997,492

　　因此，豐田汽車的市值為：

> **市值計算方式：股價×已發行股數**
> **豐田汽車市值：**
> **股價 6,835 日圓×已發行股數 3,262,997,492＝**
> **22 兆 3,025 億日圓**

　　毫無疑問的，它滿足我們市值 5,000 億以上的這個交易條件。選擇這類穩定的企業是最重要的投資判斷，大家在交易的時候，請務必意識到該檔股票的市值。

圖表 3-3　市值 5,000 億日圓以上的日本公司

順位	代號	市場	名稱	成交值		已發行股份數	市值（百萬日圓）	交易單位（股）
1	7203	東證一部	豐田汽車	15:00	6,835	3,262,997,492	22,302,588	100
2	9984	東證一部	軟銀集團	15:00	6,497	2,089,814,330	13,577,524	100
3	6861	東證一部	基恩斯	15:00	45,850	243,207,684	11,151,072	100
4	6758	東證一部	索尼	15:00	8,126	1,261,058,781	10,247,364	100
5	9432	東證一部	日本電信電話	15:00	2,580.5	3,900,788,940	10,065,986	100
6	9437	東證一部	NTTDOCOMO	15:00	2,985	3,228,629,406	9,637,459	100
7	4519	東證一部	中外製藥	15:00	5,424	1,679,057,667	9,107,209	100
8	9433	東證一部	KDDI	15:00	3,344	2,304,179,550	7,705,176	100
9	9434	東證一部	軟銀行動	15:00	1,431.5	4,787,145,170	6,852,798	100
10	7974	東證一部	任天堂	15:00	48,710	131,669,000	6,413,597	100

資料來源：日本雅虎金融。

圖表3-4 臺灣市值 5,000 億日圓（約新臺幣 1,300 億元）以上的公司

排名	代號	名稱	市場	股價日期	股價	面值（元）	股本（億）	發行量（萬張）
1	2330	台積電	市	03/29	599	10	2,593	2,593
2	2317	鴻海	市	03/29	128.5	10	1,386	1,386
3	2454	聯發科	市	03/29	941	10	159	159
4	6505	台塑化	市	03/29	96.6	10	953	953
5	2412	中華電	市	03/29	112	10	776	776
6	2308	台達電	市	03/29	288	10	260	260
7	1301	台塑	市	03/29	101.5	10	637	637
8	2882	國泰金	市	03/29	48	10	1,470	1,317
9	1303	南亞	市	03/29	78.9	10	793	793
10	2303	聯電	市	03/29	49.35	10	1,242	1,242
11	2881	富邦金	市	03/29	55.9	10	1,150	1,023
12	1326	台化	市	03/29	87.9	10	586	586
13	3711	日月光投控	市	03/29	109	10	435	434
14	3008	大立光	市	03/29	3245	10	13.4	13.4
15	2886	兆豐金	市	03/29	31.8	10	1,360	1,360
16	2891	中信金	市	03/29	22	10	2,000	1,950
17	1216	統一	市	03/29	71.7	10	568	568
18	2002	中鋼	市	03/29	25.55	10	1,577	1,573
19	2382	廣達	市	03/29	98	10	386	386
20	3045	台灣大	市	03/29	98.8	10	351	351
21	3034	聯詠	市	03/29	560	10	60.9	60.9

市值 （億）	成立 年數	上市 年數	股票 期貨	選擇權	權證	公司債	私募股	特別股	產業別
155,323	34.1	26.6	有	有	有	有			半導體業
17,814	47.1	29.8	有	有	有	有			其他電子業
14,964	23.8	19.7	有	有	有				半導體業
9,202	29	17.3			有				油電燃氣業
8,688	24.8	20.4	有	有					通信網路業
7,481	45.6	32.3	有		有	有			電子零組件業
6,461	66.4	56.7	有	有	有				塑膠工業
6,321	19.2	19.2	有	有	有			有	金控業
6,257	62.6	53.4	有	有	有				塑膠工業
6,130	40.9	35.7	有	有	有	有			半導體業
5,721	19.3	19.3	有	有	有	有		有	金控業
5,152	56.1	36.3	有	有	有				塑膠工業
4,729	2.9	2.9	有	有	有	有			半導體業
4,353	34	19.1	有	有	有				光電業
4,325	19.1	19.1	有	有	有	有			金控業
4,289	18.9	18.9	有	有	有	有		有	金控業
4,074	53.6	33.3	有	有	有	有			食品工業
4,020	49.3	46.3	有	有	有	有		有	鋼鐵工業
3,785	32.9	22.2	有	有					電腦及 周邊設備業
3,467	24.1	20.5	有		有	有			通信網路業
3,408	23.8	19.9	有		有				半導體業

（接下頁）

排名	代號	名稱	市場	股價日期	股價	面值（元）	股本（億）	發行量（萬張）
22	2884	玉山金	市	03/29	26.2	10	1,257	1,257
23	6488	環球晶	櫃	03/29	738	10	43.7	43.7
24	2207	和泰車	市	03/29	587	10	54.6	54.6
25	2912	統一超	市	03/29	278	10	104	104
26	2892	第一金	市	03/29	22.2	10	1,284	1,284
27	2408	南亞科	市	03/29	91.2	10	310	307
28	5880	合庫金	市	03/29	21.1	10	1,333	1,333
29	2357	華碩	市	03/29	374	10	74.3	74.3
30	2327	國巨	市	03/29	554	10	49.7	49.4
31	2395	研華	市	03/29	356.5	10	77.2	77.1
32	2885	元大金	市	03/29	22.35	10	1,214	1,214
33	1101	台泥	市	03/29	46.5	10	601	581
34	5871	中租-KY	市	03/29	194	10	153	138
35	2379	瑞昱	市	03/29	489.5	10	51.1	51.1
36	2880	華南金	市	03/29	18.45	10	1,285	1,285
37	2603	長榮	市	03/29	43.8	10	522	522
38	6415	矽力-KY	市	03/29	2315	10	9.29	9.31
39	8046	南電	市	03/29	332	10	64.6	64.6
40	3481	群創	市	03/29	32.2	10	994	971
41	4904	遠傳	市	03/29	63.4	10	326	326
42	2409	友達	市	03/29	21.3	10	962	962
43	4938	和碩	市	03/29	73.6	10	266	266

市值（億）	成立年數	上市年數	股票期貨	選擇權	權證	公司債	私募股	特別股	產業別
3,293	19.2	19.2	有	有	有	有			金控業
3,227	9.4	5.5	有		有				半導體業
3,206	65.9	24.1							汽車工業
2,890	33.8	23.6							貿易百貨業
2,850	18.2	18.2	有	有	有	有			金控業
2,804	26.1	20.6	有		有				半導體業
2,814	9.3	9.3	有	有	有				金控業
2,778	31	24.4	有	有	有	有			電腦及周邊設備業
2,735	33.6	27.4	有		有				電子零組件業
2,750	39.6	21.3							電腦及周邊設備業
2,713	19.1	19.1	有	有	有	有			金控業
2,702	70.3	59.1	有	有	有	有		有	水泥工業
2,680	11.3	9.3	有		有			有	其他業
2,500	33.4	22.4	有		有				半導體業
2,372	19.3	19.3	有	有		有			金控業
2,287	52.5	33.5	有	有	有	有			航運業
2,154	13.1	7.3			有				半導體業
2,145	23.4	15	有		有				電子零組件業
2,059	18.2	14.4	有	有	有				光電業
2,066	24	19.3	有			有			通信網路業
2,050	24.6	20.6	有	有	有				光電業
1,960	13.8	10.8	有		有	有			電腦及周邊設備業

（接下頁）

排名	代號	名稱	市場	股價日期	股價	面值（元）	股本（億）	發行量（萬張）
44	1590	亞德客-KY	市	03/29	1030	10	18.9	18.9
45	5876	上海商銀	市	03/29	41.4	10	448	448
46	2801	彰銀	市	03/29	17.5	10	1,038	1,038
47	5347	世界	櫃	03/29	108	10	164	164
48	2633	台灣高鐵	市	03/29	30.85	10	563	563
49	9910	豐泰	市	03/29	195.5	10	88.2	88.2
50	3105	穩懋	櫃	03/29	390.5	10	42.4	42.4
51	1402	遠東新	市	03/29	29.9	10	535	535
52	2474	可成	市	03/29	207.5	10	76.2	76.2
53	1102	亞泥	市	03/29	46.8	10	336	336
54	2883	開發金	市	03/29	10.5	10	1,497	1,497
55	2345	智邦	市	03/29	279.5	10	55.9	55.9
56	2105	正新	市	03/29	47	10	324	324
57	6669	緯穎	市	03/29	852	10	17.5	17.5
58	2301	光寶科	市	03/29	62.7	10	235	235
59	2887	台新金	市	03/29	13.4	10	1,171	1,091
60	2890	永豐金	市	03/29	12.6	10	1,128	1,128
61	2377	微星	市	03/29	166.5	10	84.5	84.5
62	3037	欣興	市	03/29	89.8	10	150	150
63	2049	上銀	市	03/29	402	10	33.1	33.1
64	8454	富邦媒	市	03/29	933	10	14	14

市值（億）	成立年數	上市年數	股票期貨	選擇權	權證	公司債	私募股	特別股	產業別
1,947	11.5	10.3	有		有				電機機械
1,855	66.6	2.4			有	有			銀行業
1,817	70.7	59.1	有	有	有				銀行業
1,770	26.3	23	有		有				半導體業
1,736	22.9	4.4	有		有		有		航運業
1,724	49.7	29.1							其他業
1,656	21.5	9.3	有		有		有		半導體業
1,601	67.2	54	有	有	有	有			紡織纖維
1,580	36.3	19.5	有	有	有				其他電子業
1,573	64	58.8	有		有	有			水泥工業
1,572	19.3	19.3	有		有	有			金控業
1,561	33.1	25.4	有		有	有			通信網路業
1,523	51.3	33.3	有		有	有			橡膠工業
1,490	9.1	2	有		有				電腦及周邊設備業
1,474	32	25.4	有		有				電腦及周邊設備業
1,462	19.1	19.1	有	有	有	有		有	金控業
1,421	18.9	18.9	有	有	有	有		有	金控業
1,407	34.7	22.4	有	有	有				電腦及周邊設備業
1,351	31.2	22.3	有		有				電子零組件業
1,330	31.5	11.8	有		有				電機機械
1,307	16.5	6.3							貿易百貨業

資料擷取時間：2021 年 3 月 30 日。
資料來源：Goodinfo! 台灣股市資訊網。

3

在公司發表財報前，
我會先賣掉股票

　　投資股票要賺錢，最重要的當然是買好公司的股票。那要怎麼看出哪間公司是好公司？如果你想到的是檢視公司業績，請快點拋棄這個想法。為什麼？因為**就算公司的財報表現很亮眼，股價也不一定會上漲。**

　　各家企業發表的財報，可以說是一間公司經營狀況的總覽。財報會詳細列出公司的財務狀況，包括為了經營必要的支出、從經營中獲得的利潤、其他的損失等，你可以把它想成是一間公司的健康檢查報告。

　　財報有很多種類型，根據公布的時間點不同而有所區分：

● 年度財報

月的合併財報（國際會計基準）中，盈餘為 550 億日圓，較去年同期減少 92%；作為主力的基金事業的經營損益為虧損，再加上經營共享辦公室的美國公司 The We Company 的損失，最終創下 7,000 億日圓的虧損。

同日還發表了 4 到 10 月的報告，顯示合併盈餘大減 69%，來到 4,765 億日圓。外界預期它的股價將大幅滑落，結果卻相反，財報發表的隔天，股價比前一天還大漲 10% 以上。

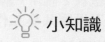 **小知識**

- **臺灣年度財報公布時間**

一般上市櫃公司財報公布時間：

- ・月營收：每月 10 日以前公布。
- ・去年度整年財報：3/31 前。
- ・第一季（Q1）財報：5/15 前。
- ・第二季（Q2）財報：8/14 前。
- ・第三季（Q3）財報：11/14 前。
- ・第四季（Q4）財報及年報：隔年 3/31 前。

註：此為臺版增補資料。

4

不要只為股息買股票

　　日本有一個「股東優待制度」（按：臺灣有股東會紀念品，但不是每檔股票都會送，也不是每年都有，且無論持股多寡都是一份）。簡單來說，就是上市公司會為了感謝股東而發放贈品。

　　本來公司配息給股東，就已經達到回饋的目的，但日本的小股東們，除了領錢（股息），還有可能領到贈品（股東優待制度），這形成了一股風潮。正因為公司想要討好股東，這種股東優待制度才能存續。尤其是經營零售、外食、食品業的公司，會發放禮券讓股東直接成為自己的顧客（購買自家公司產品），可視為宣傳活動的一個環節，所以很多企業都會積極用自家公司產品作為贈品。

圖表 3-6 如何查詢股東紀念品領取條件（以味全〔1201〕為例）

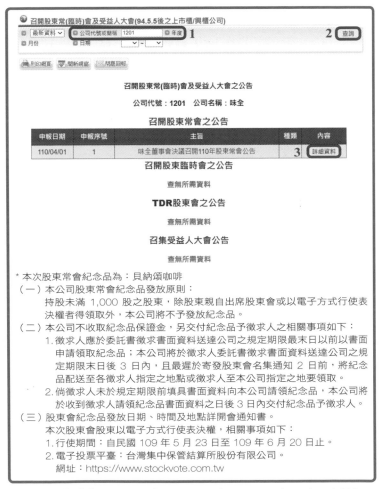

* 本次股東常會紀念品為：貝納頌咖啡

（一）本公司股東常會紀念品發放原則：
　　持股未滿 1,000 股之股東，除股東親自出席股東會或以電子方式行使表決權者得領取外，本公司將不予發放紀念品。

（二）本公司不收取紀念品保證金，另交付紀念品予徵求人之相關事項如下：
　　1. 徵求人應於委託書徵求書面資料送達公司之規定期限最末日以前以書面申請領取紀念品；本公司將於徵求人委託書徵求書面資料送達公司之規定期限末日後 3 日內，且最遲於寄發股東會名集通知 2 日前，將紀念品配送至各徵求人指定之地點或徵求人至本公司指定之地要領取。
　　2. 倘徵求人未於規定期限前填具書面資料向本公司請領紀念品，本公司將於收到徵求人請領紀念品書面資料之日後 3 日內交付紀念品予徵求人。

（三）股東會紀念品發放日期、時間及地點詳開會通知書。
　　本次股東會股東以電子方式行使表決權，相關事項如下：
　　1. 行使期間：自民國 109 年 5 月 23 日至 109 年 6 月 20 日止。
　　2. 電子投票平臺：台灣集中保管結算所股份有限公司。
　　　網址：https://www.stockvote.com.tw

資料來源：公開資訊觀測站（註：此為臺版增補資料）。

　　這個制度看似非常有吸引力，但當你選擇接受這樣的優待制度之前，最好先釐清幾個重點。

　　首先，股票的獲利可分為兩種：收到股息或贈品的獲利、透過股價的價差所賺取的獲利。我的交易主要是透過股價的價差賺取獲利。為什麼我要提醒大家？如果你希望獲得股息，或是獲得贈品，交易就要多加小心，讓我透過具體的圖表來解說。

　　喜歡用股息、贈品來吸引投資人的人氣股票之一，就是日本菸草產業（簡稱 JT）。JT 是一間非常積極分配利益給股東的公司。到 2019 年 12 月期為止，它連續 16 期增加股息（增加每股發放金額）。不僅如此，他們還積極買進自家公司的股票，但請看下頁圖表 3-7。

　　我們看它過去 1 年半的股價，如圖所示，一路下跌。它的股息率一路往上，股價卻持續下跌。當時買在 3,200 日圓的人，若一路抱到 2,000 日圓的話，等於跌掉了 37.5%。

　　如果用 100 萬日圓買，就等於有負 37.5 萬日圓的未實現損益。有多少人可以持續忍受這種帳面上的虧損這麼久？就現狀來看，它的股價可能持續探低，即使有耐心等它上漲，也要承受長時間無法換成現金的風險，

圖表 3-7　日本菸草產業（JT）的股價與股息

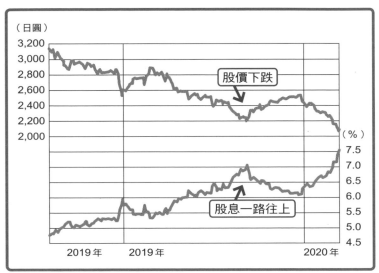

資料來源：日本樂天證券經濟研究所製圖。

並錯失其他更好的投資機會。

　　對企業來說，股東優待制度有三項好處：可以提高股東的忠誠度（增加死忠粉絲）、確保股東人數的穩定度、增加或維持股東人數。這個制度雖然有很多優點，但相對的要消耗許多成本。

　　一名股東即使比另一個人擁有兩倍的股份，通常也不會得到兩倍的贈品，因此期待股東優待制度的通常是

小股東。換句話說，有多少名股東，公司就要負擔多少贈品與寄送的費用。

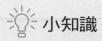 小知識

● 股利、股息、除權息是什麼？

股利是公司向股東分配前一年公司營運所得之盈餘，一般來說，股利可以現金（現金股利，常稱股息）或股票（股票股利，常稱股利）的方式發放，而發放股利的時間為除權息時間，其中可再細分出除息、除權，發放現金股利稱為除息，發放股票股利則稱為除權。

註：此為臺版增補資料。

5

技術面分析和基本面分析，各有好壞

　　看圖表做投資判斷的技術面分析，常被拿來和基本面分析做比較。所謂基本面分析，簡單來說，就是關注企業真正的價值作為判斷依據的分析手法。另一方面，技術面分析則是關注股票變動的價格、K 線、移動平均線、投資人的行為模式等。

　　價格是出自於所有投資人的意志決定，記錄價格與買賣高低點的圖表，就等於是所有投資人決策時所留下的足跡。因此只要仔細研究圖表，就能某種程度知道，現在的股價是投資人買過頭或是賣過頭，然後再根據圖表預測未來的價格，了解在什麼樣的時機點買賣最有效，這就是技術面分析。

技術面分析能分析短期行情,它擁有以下優勢:

● **可以用視覺判斷投資時機**

要確認某檔股票的價格變動,最好用的就是直接看股價走勢圖。

股價走勢圖,是把股價變動做成圖表。圖表上還可以看出移動平均線、布林通道(Bollinger Bands,見圖表 3-8、3-9)、MACD 等數據的變化。這些資料都可以直接判斷,這是技術面分析的最大優點。

● **只要關注圖表就能做股價分析**

所有要分析的資料都在股價的圖表上,不用再把其他資料拉出來看。換句話說,你只要分析完圖表,就結束分析了。因此,技術面分析算是比較容易入門的行情判別技術。

● **沒有經濟相關的知識也能預測、分析股價**

只要有顯示股價變動的相關圖表,以及與技術面分析相關的知識,你就可以進行技術面分析。如果你對於海外與國內的經濟狀況有一定的認識,更能增加準確

圖表 3-8　移動平均線、布林通道、MACD 是什麼？

移動平均線	過去一段時間裡的平均成交價格。
布林通道	是由均線和標準差組成的指標，總共有 3 條線：中線、上線、下線。 通常是用中線加減 2 個標準差成上下線，而由上下線構成的區域就是布林通道，可用來判斷買賣訊號、進出場時機。
MACD	是使用長期與短期的移動平均線兩者交叉狀態，來判斷股價的趨勢方向，屬於中長期趨勢指標。

圖表 3-9　布林通道，以台積電（2330）為例

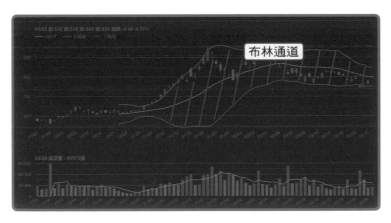

度。但即使沒有，你還是可以做技術面分析，這是它的特點。

● 只要提升分析能力，預測行情的準確度也會提高

　　在做技術面分析的時候，只要不斷根據結果持續改進，分析能力自然會提高。分析能力提高，預測未來行情的準確度也會提高。

　　而技術面分析的劣勢是：

● 分析結果並非絕對

　　沒有人能完美預測股票市場行情。尤其是像機構投資人那樣擁有龐大資金的話，有時反而會在買賣訊號出現時，做出相反的動作，藉此提高獲利。這種情形在技術面分析上就叫「假突破」或「假跌破」。不過，當行情與你分析預測的走向不同時，我建議還是要適時停損，否則可能會不斷擴大損失。雖說如此，大家也不要太恐慌，最重要的是按照規則有紀律的下單。

● **無法應付突發狀況**

　　股價受到政治、經濟情勢影響甚鉅，當有相關事件或新聞發生時，難免會有波動。當這些突發狀況發生，行情往往會呈現相反的走勢，所以平時就要做好危機的因應訓練，才不會手忙腳亂。

　　基本面分析就是根據企業的財務狀況或業績，分析企業的真正價值、與市場價格的落差的方法。而基本面分析有兩項優勢：

● **不用擔心短期的價格變動或趨勢**

　　基本面分析，比較適合長期投資的分析手法。即使股價短期下跌，也因為預期未來會上漲，所以可以耐心等待股價回升。除此之外，做基本面分析的人，比較不會因為短期趨勢的改變，頻繁的被迫停損，投資時心情上比較從容。

● **透過長期投資可以獲取較大的利益**

　　市場的狀況或企業的未來成長，也可以作為分析的材料。例如，眼光精準的鎖定購買某檔新上市企業的股

票，幾年過後，你會發現它的股價和當初相比已經大幅上漲。

而基本面分析的兩項劣勢是：

● **散戶與專業投資人獲取情報的來源與精準度落差太大**

前面提到技術面分析的優勢時也說過，一般投資人在蒐集企業的財務狀況等情報時，一定不如機構投資人。因此，**散戶們常因為獲取情報的時間太慢，買進自己以為便宜的股票，結果買在高點，最後失敗收場。**

● **確認分析結果是否正確，與獲利了結的時間相隔太長**

基本面分析適合長期投資。但在預測行情或獲利後，到真正的「結果出爐」要耗費太多時間，當然有時候也會失準，就這點來看，基本面分析，可能比較適合有一定程度的股票投資者。

總而言之，技術面分析與基本面分析各有各的優缺點與特色，我無法斷定哪一種方法比較優秀，而且我必須承認，如果只仰賴一種方法投資也很危險。因此我認為投資股票時，必須活用這兩項技術的特色。

　　以我來說，在基本面分析的部分，我最重視政治，畢竟國家政策對股價影響甚鉅。比如，安倍經濟學推出金融寬鬆政策，使得股價大幅攀升，基本上行情處於多頭沒錯，但股價不會永遠往上，而是會上上下下，這時候技術面分析就能派上用場。就政策來說行情往上沒錯，但就技術線圖來看，股價也有往下的時候，同時掌握好這兩個概念，才能做出適切的投資判斷。

圖表 3-10　技術面分析與基本面分析的優劣

	優勢	劣勢
技術面分析	1. 可以用視覺判斷投資時機。 2. 只要分析圖表。 3. 沒有相關知識也能預測、分析股價。 4. 提升分析能力，預測準確度也會提高。	1. 分析結果並非絕對。 2. 無法應付突發狀況。
基本面分析	1. 不用擔心短期的價格變動或趨勢。 2. 透過長期投資可獲得較大利益。	1. 散戶與專業人員的情報來源差太多。 2. 分析的結果到獲利了結的時間相隔太長。

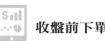

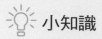 小知識

　　5 日均線計算方式（以台積電〔2330〕4 月 19 日至 4 月 23 日為例）：

日期	4月19日	4月20日	4月21日	4月22日	4月23日
收盤價	603	602	592	591	602

資料來源：Goodinfo! 台灣股市資訊網。

　　把 5 天的收盤價加起來除以 5：603 ＋ 602 ＋ 592 ＋ 591 ＋ 602 ÷ 5 ＝ 598，代表 4 月 23 日的 5 日均線是 598。

註：此為臺版增補資料。

6

學會放空，
你就多一個武器！

　　一般人認為，股票就是低買高賣才能賺錢，若股票都不上漲，你就賺不了錢。

　　股價會不斷變動，有時會大漲，有時也會大跌。特別是當新聞出現新冠肺炎危機或是希臘危機等，有某某危機等字眼出現時，股價特別容易大幅滑落，這些我想大家也很常見。

　　股價會下跌，雖然很正常，但對買股票的人來說，都不希望看到自己買的股票下跌，更別說看到某某危機等字眼出現。**但股票就是有可能暴跌，如果在交易之前沒有建立好這個觀念，總是用「買進」的觀點來看待股票，很難達到好成績。**

　　那麼，當行情下跌時，要怎麼提高獲利？答案是提

升放空的技巧。所謂放空，就是在沒有持股的狀態下，先賣股票，之後再便宜買回來的方法，當股價下跌，你就會賺錢。第一次聽到這種做法的人一定一頭霧水，我也一樣。

為什麼股票下跌反而會賺錢？它的原理是這樣：

1. 向證券商借股票

關鍵就在這，重點在於先跟券商借股票。

2. 把借來的股票賣給市場

3. 約定放空（賣給市場）

假設我們要放空豐田的股票，股價是 6,000 日圓，最小單位是 100 股（此為日本情況，臺灣可買零股），所以你賣給市場股票的話，就會擁有 60 萬日圓（6,000 日圓×100 股），但這只是形式上，實際上不會拿到錢，只是帳面上的數字而已。

4. 股價下跌

結果股價下跌了。4 天後豐田股價變成 5,500 日

圓，代表股價下跌 500 日圓，500 日圓×100 股＝5 萬日圓，就成了你的獲利。

5. 把股票買回來，還給證券商

這時你就可以把豐田的股票買回來，就是用你在第三點賣時帳面上的那 60 萬日圓買。現在股價剩 5,500 圓，所以買進 100 股的金額是 55 萬日圓（5,500 圓×100 股）。這麼一來，原本有 60 萬日圓，付 55 萬日圓出去，還剩 5 萬日圓，這就成了你的獲利。這個 5 萬日圓的差額就會匯進你的戶頭。怎麼樣？這個下跌還能賺錢的原理，各位了解了嗎？股票市場有這個遊戲規則，各位可以好好活用。

有些人怕放空，但對我來說，不放空我才怕。股票市場有一個投資格言：「**做多頂多賠一間房子，放空連命都沒了。**」但仔細想想，學會放空的話，其實是多一項投資利器。害怕放空的人，很可能會在股價下跌時，因為腳麻跑不動，最慘的狀況當然就是被套牢。

我身邊也有很多人對放空的技巧很有興趣，但總覺得很恐怖而不敢實踐。確實，如果不熟悉怎麼放空的話，一般都會很抗拒。但若不先跨出第一步，永遠只能

原地踏步。總比哪天突然想放空，但技巧又不熟練，一次就大出手，結果賠光光還來得好。

如果從小金額開始嘗試，即使失敗也損傷有限，所以我建議大家先從小金額嘗試，然後再慢慢放大。或者先用虛擬交易的方式體驗也是很好的方法。

只要熟練放空技巧，未來你不只能在上漲行情獲利，下跌行情也有機會獲利。能用的武器一定是越多越好，只要學會正確的方法，放空一點也不可怕。讓我們一起認真的接受訓練，挑戰放空吧。

7

重點不是盈虧，
而是安全比率，我有公式！

　　所謂「鹽醃」就是為了長期保存，而把蔬菜、魚肉等食物用鹽醃漬的調理方法之一。後來的日本人形容買進後不斷下跌，卻賣不下手的股票稱作「鹽醃股」。這個鹽醃股不知道要醃到什麼時候才可以吃（等股價回升到買進的價格），有時甚至再也回不來（按：等同於臺灣的套牢，住套房）。

　　有人會希望如果每次股票交易都賺錢就好了，很遺憾，這是不可能的。不管投資經驗再豐富的人，都還是會看錯，這時只要立刻停損，就有可能把損失降到最低。但人們通常會想：「只要再等一下，股價就會回升。」而持續持股的結果就是，股價一點一點往下掉，最後就被套牢了。為了避免股票套牢，你需要嚴格執行

停損。

買進股票後，股價卻下跌，這時人們通常會給自己找個理由，「我是看好它長期性的成長」、「我買它的目的是為了它的股息」等，並不認為是自己看錯，我想很多人都有過這種心態。當然，為了長期性的成長或股息而買進的長期持有股，股價也可能會下跌。

假如你買進某檔股票的條件還成立，或者股價變動仍在你之前的預料範圍內，這時說看錯還太早，有時沒多久股價就回升了。相反的，在預料之外的時機點獲利，有時只因為運氣好，這也是一種看錯。這樣的僥倖心態，讓你容易陷入一種惡性循環的交易模式，例如買了某檔股票之後，股價一直回不來，可能是好幾個月、好幾年，當你看到帳面損失不斷擴大，更加砍不下手。

抱著套牢股，你的翻本錢也被套牢

抱著套牢股票最大的壞處就是，你連翻本的錢都被套牢了。假如你的投資資金是 100 萬日圓，50 萬日圓拿來買股票全都被套牢，你就只剩下 50 萬日圓可以拿來翻本。但 50 萬日圓，大概也買不了幾檔，要是好死不死這個時候出現大行情，你就錯過了賺錢的大好時

機，只能在一旁乾瞪眼。**股票套牢會讓資金的使用效率惡化，你不只是抱著帳面的損失，還損失了機會成本。**

　　股票套牢不只會壓縮到投資資金，也會造成精神上的壓力。當你抱著套牢的股票，看著股價上上下下，帳面上虧損卻一直無法消除時，內心會長存一種不安全感，害怕會繼續下跌，光是看到那檔股票的名字心情就會憂鬱。這種精神上的壓力，會影響你整體的投資行為，你會為了挽回虧損，而失去冷靜的判斷。

　　最重要的是，**投資之前一定要決定好何時出場。**預先決定好遇到什麼情況就獲利了結或停損，之後再照著規則操作即可。再加上第三節提到的，不要抱股抱到財報發表，遵照這樣的規則交易，你就不會被套牢。

鮑爾紹拉的破產機率表

　　下面我想讓大家做一個心理測驗。請看以下兩個選項，選出你覺得比較好的狀況。

　　1. 100% 確定會損失 50 萬日圓。

　　2. 50% 的機率會損失 100 萬日圓，但有 50% 的機率不會損失。

這兩個狀況，你覺得哪一個比較好？

其實這兩個狀況的期望值都是負 50%，理論上來說都一樣。但面對這個問題，大多數人都會選 2，根據心理學者分析，是因為人們會無意識的選擇迴避確定的損失。換句話說，面對這兩個狀況，我們內心會下意識想成：

1. 100% 確定會損失 50 萬日圓（確定會損失 50 萬日圓）。

2. 50% 的機率會損失 100 萬日圓，但有 50% 的機率不會損失（有可能不會損失，但忽略可能會損失 100 萬日圓這件事）。

這種心理又被稱為展望理論（prospect theory）。大家有聽過「鮑爾紹拉的破產機率」嗎？如果你正在投資，卻沒聽過的話，趁這個機會好好學習一下。

鮑爾紹拉的破產機率不只適用於股票投資，而是投資所有商品之前都必須學習的必要知識。

瑙澤・鮑爾紹拉（Nauzer Balsara）是一位數學家，他製作了一張關於破產機率的表，可讓人對自己的

交易規則的安全性，與期望值的高低有個底。看起來很難懂，但其實它的規則很簡單就能算出來，大家只要記得三件事：

● 勝率。

● 盈虧比。

● 曝險資金比例。

　　從這三個數值就能導出後續交易的破產機率。勝率則是每次交易獲勝的機率。算法為：勝率（％）＝獲勝交易的次數÷總交易次數×100％。例如，交易成績是10 勝 4 敗，勝率＝10÷14×100％＝71.4％（A）。

　　盈虧比，就是獲勝交易的利益額，與失敗交易的損失額的比例，算式為：盈虧比（倍）＝交易的平均利益額÷交易的平均損失額。例如，假設你的平均利益額3,000 日圓，平均損失額是 2,000 日圓，那你的盈虧比就是 3,000 日圓÷2000 日圓＝1.5 倍（B）。

　　所謂曝險資金比例是指，每次的交易，你能容許帳戶資金有幾 ％ 的損失？由以下計算公式求得：曝險資金比率（％）＝每次交易的容許損失額÷帳戶資金

×100%。例如，帳戶資金有 100 萬日圓，每次的交易容許損失金額為 2 萬日圓，那麼曝險資金比率＝2 萬日圓÷100 萬日圓×100%＝2%。

曝險資金比例要押在 2% 以下，才算低風險交易。比例若過高，幾次損失下來，就會賠光所有投資資金，請多加小心。

以前面舉例的計算結果來說，勝率與盈虧比分別是 71.4% 及 1.5 倍。放進鮑爾紹拉的破產機率表來看，破產機率為 0%（見圖表 3-12）。以此圖表來看，只要破產機率小於 1%都算安全性很高的交易。所以曝險資金比率 2%，勝率 71.4%，盈虧比 1.5 倍，從這些條件來看，這是安全度相當高的交易。

圖表 3-11　勝率、盈虧比、曝險資金比例公式

勝率（％）	獲勝交易次數÷總交易次數×100%
盈虧比（倍）	交易的平均利益額÷交易的平均損失額
曝險資金比例（％）	每次交易的容許損失額÷帳戶資金×100%

圖表 3-12　鮑爾紹拉的破產機率表

		勝率（%）Ⓐ									
		10	20	30	40	50	60	70	80	90	100
盈虧比 Ⓑ	0.2	100	100	100	100	100	100	98.0	72.2	5.8	0
	0.4	100	100	100	100	99.9	95	58.7	6.5	0	0
	0.6	100	100	100	99.9	96.1	64.1	12.4	0.1	0	0
	0.8	100	100	100	98.8	78.4	26.1	1.3	0	0	0
	1	100	100	99.9	92.6	50	7.4	0	0	0	0
	1.2	100	100	99.1	78.4	26	1.8	0	0	0	0
	1.4	100	100	96.4	59.5	11.9	0.4	0	0	0	0
	1.6	100	99.9	90.4	41.2	5.1	0.1	0	0	0	0
	1.8	100	99.7	91.1	26.8	2.2	0	0	0	0	0
	2	100	99.1	69.6	16.8	0.9	0	0	0	0	0
	2.2	100	97.7	57.6	10.3	0.4	0	0	0	0	0
	2.4	100	95.2	46.4	6.3	0.2	0	0	0	0	0
	2.6	100	91.5	36.6	3.9	0.1	0	0	0	0	0
	2.8	100	86.8	28.5	2.4	0	0	0	0	0	0
	3	100	87.2	22	1.5	0	0	0	0	0	0

在交易之餘別忘了做紀錄，好好運用這張表，確認自己的交易是否安全。

8

開戶，是初學者
最後才要做的事

　　第一，開證券戶是最後才要做的事！

　　新冠肺炎導致股票市場混亂，股價大幅滑落。很多人在這時候覺得機不可失，想趁機大賺一筆，沒多想的開了證券戶，把錢匯進去就開始交易。

　　一開始的虧損，會讓你發憤圖強學習相關知識，也不算是壞事。據說在股市交易的世界中，90% 以上的人都是輸家，是非常無情的世界。因為想賺錢而投入股市並非壞事，但若因此使自己的資產化為烏有，賠上時間和金錢，那就得不償失了。

　　重要的是，自己有沒有能力從今天的股價判斷未來會往上或往下，以及會往上多少、往下多少。如果這兩件事都弄不懂，最好還是不要投入真正的錢做交易。

第二，不要碰自動交易程式。

如果你已經有在投資股票，我猜你也曾對自動交易程式感興趣吧？如果有一套程式可以代替每天忙碌工作的自己，在睡覺、玩樂時也能自動交易，不斷幫自己賺錢，有這種夢幻般的事情，任誰都想嘗試吧。但用自動交易程式做股票真的會賺錢嗎？先從結論說起，很遺憾，我不推薦。有些程式可能短時間會讓你賺錢，但我還沒看過一輩子都會幫你賺錢的程式。

有些自動交易程式還會索取高額的軟體費，大家要多加小心，現在這類的詐騙案件層出不窮，受害者越來越多。我甚至聽過有人花大錢買了軟體，結果沒有一個月賺錢的。

特別是大家看到，「一定賺」、「包賺」、「保證月收 30 萬日圓」這樣的字眼時，一定要多加注意，很有可能是詐騙。為什麼？因為投資，不可能 100% 賺錢，即使是世界最厲害的避險基金還是可能會虧損。

第三，世界上沒有輕鬆賺錢這回事！

在網路或雜誌上，常可以看到教你如何簡單賺錢的廣告或報導。千萬別輕信這些訊息。還有，買進證券商業務員建議的股票也很危險。

　　確實有人買了股票之後，漲了 10 倍、20 倍，但這種狀況很難複製。乍看之下非常亮眼的交易，很可能只是那人運氣好，曇花一現而已。股票投資的基本原則就是欲速則不達。就算一開始靠新手運大賺一筆，但若想要持續賺錢，還是得努力不懈的學習知識和技巧。以上就是初學者要多加小心的地方。

　　讓我們一起學會正確的投資知識，展開健全的投資人生吧。這三項之中，最重要的就是第三項，沒有輕鬆賺錢這回事，如果各位能理解這一點，我就放心了。

chapter 4

獲利的訊號，
就在 K 線裡

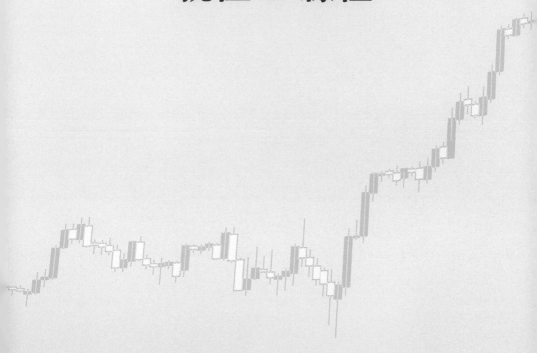

1

判讀技術線圖的
基本知識

　　股票投資最大的魅力在於，無論上漲或下跌都可以獲利。一般來說，大多數的人都是趁股價下跌時買股票，但如果你學會在股價漲多時放空，就能多一倍賺錢的機會。

如何看 K 線圖，以及應用

　　所謂 K 線圖，就是把四種數值（開盤價、最高價、最低價、收價）畫成一根像蠟燭一般的長條圖形。因為一眼就可以輕鬆看出股價一天的變動，受許多投資人的青睞。

　　如果收盤價高於開盤價就稱作紅 K 棒，如果收盤價低於開盤價就稱作黑 K 棒。最高價和最低價上下凸

出來的部分就稱作上下影線。另外 K 線有很分很多種類，像日 K 線、週 K 線、月 K 線、年 K 線等。

圖表 4-1　「賣出」和「買進」的投資方法

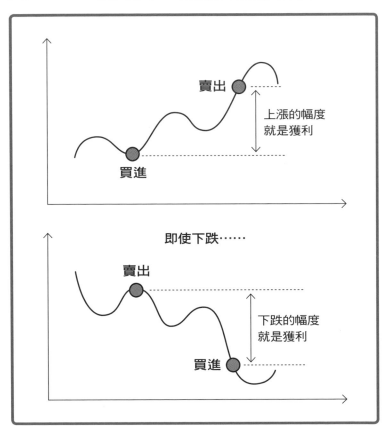

移動平均線

在股價的技術線圖中，除了 K 線圖，還有一種大多會合併顯示、用曲線來表示的線圖，稱作移動平均線。看起來很難理解，不過它是最適合用來尋找股價的變動，與趨勢轉換點的要素，如果想要學習股票，就一定要學會看移動平均線。

移動平均線可以分成短期、中期、長期。以我自己的設定來說，我設成短期（5 日，即 5 日線）、中期（25 日，即月線）、長期（75 日，即季線）。如果是短期（5 日）移動平均線的話，就把 5 天的收盤價相加

---

5 日移動平均線的算法

股價的收盤價

第 1 天	第 2 天	第 3 天	第 4 天	第 5 天	第 6 天	第 7 天
1,570	1,510	1,532	1,575	1,500	1,435	1,458

移動平均值

第 1 天～第 5 天的平均	第 2 天～第 6 天的平均	第 3 天～第 7 天的平均
1,537	1,510	1,500

這些數值連起來就是移動平均線

除以 5，便能得出數值，再把連續的數值連成線，就變成移動平均線。

　　從移動平均線之間的關係，就能掌握目前行情處於什麼格局。重點在於短期（5 日）移動平均線，與中期（25 日）移動平均線之間的關係。

● 多頭格局

　　短期（5 日）移動平均線位於中期（25 日）移動平均線之上時，就稱作多頭格局（見圖表 4-2）。

圖表4-2　多頭格局

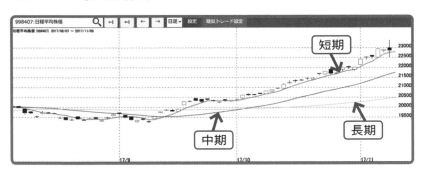

● 橫盤格局

　　短期（5 日）移動平均線不斷往下和往上穿過中期（25 日）移動平均線時，稱作橫盤格局（見圖表

圖表 4-3 橫盤格局

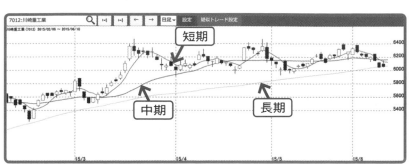

4-3）。

● 空頭格局

短期（5 日）移動平均線位於中期（25 日）移動平均線之下就稱作空頭格局（見圖表 4-4）。

圖表 4-4 空頭格局

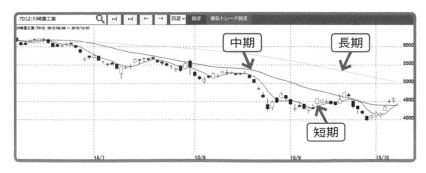

以上就是檢視股價技術線圖的基本知識。當你要判斷某檔股票的買進時機或賣出時機時，股價技術線圖非常有幫助。學會怎麼看股價技術線圖，你就可以成為股市的常勝軍。

2

線圖不用多，
只要五項基本指標就夠

　　下面我要介紹我所使用的技術面分析中，最重要的
五項指標。這五項指標，就是我在星期一到星期五的日
本時間下午 2 點半到 3 點的這段時間，衝進廁所時看
的，各位讀者從明天就可以開始用，請務必多多參考。

我最在乎的五項基本指標

　　1. 最高價與最低價（見下頁圖表 4-5）

　　「從收盤價來看近期的高點與低點」，高點就是看
近期紅 K 棒的收盤價，低點就是看近期黑 K 棒的收盤
價。打開技術線圖來看，過前高就是上漲訊號，破前低
就是下跌訊號。

圖表 4-5　最高價與最低價

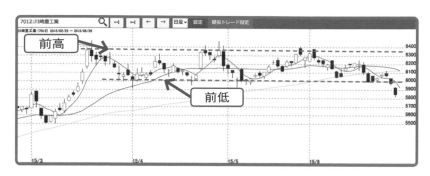

2. 週期（見圖表 4-6）

股價脫離不了這樣的週期：橫盤整理→上漲→下跌。當然也有例外，但原則上這樣的循環最多，這點先牢記。而橫盤整理持續 3 個月以上的話，很容易變成一個波段的多頭或空頭行情，所以當你看到橫盤整理時，就可以伺機從之後的多頭或空頭行情獲利。

任何一檔股票都一樣，在下跌的時候非常急促，上漲的速度較為緩慢。它可能花 2、3 個月上漲，但下跌的時候就像坐雲霄飛車一樣，1 到 2 個月就跌完。

3. 股價創新高（低）

如何判斷股價來到天花板或地板，要看股價創新高

圖表4-6　股票週期

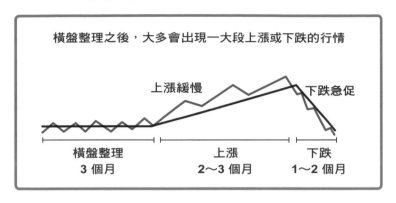

橫盤整理之後，大多會出現一大段上漲或下跌的行情

上漲緩慢

下跌急促

| 橫盤整理 | 上漲 | 下跌 |
| 3 個月 | 2～3 個月 | 1～2 個月 |

（低）。這世界上不存在永遠上漲或永遠下跌的股票。

　　每個人都想買在便宜的價位，賣在較高的價位，但哪個位置是便宜？哪個位置是較高的價位？必須有一個大致的參考點才好讓人分辨。

　　接下來要跟各位介紹股價創新高（低）。

　　要怎麼看？紅 K 棒的話，要找收盤價比上一根高的，黑 K 棒的話，要找收盤價比上一根低的（收盤價和前一天相同則不看）。重要的是，當股價創新高（低）的第 5 天後，若出現相反的 K 棒（紅變黑或黑變紅），就可以判斷是要買或賣（見下頁圖表 4-7）。

收盤前下單，月薪多 50 萬 ¥

圖表4-7　5 天後，出現相反 K 棒，判斷買賣

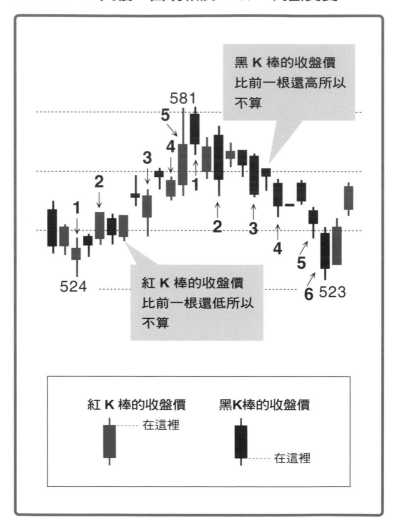

4. 移動平均線

股價的行情有三種趨勢：上漲、下跌、橫盤。

如果可以解讀移動平均線的關聯性，就可以順著趨勢交易。關於移動平均線，我在第三章也有談到，各位

圖表 4-8　股價的三個趨勢

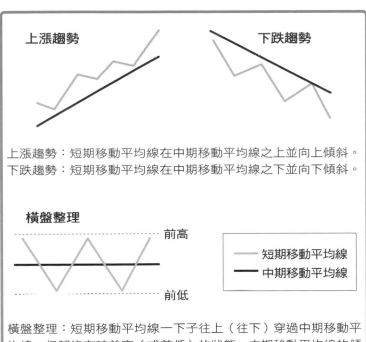

上漲趨勢：短期移動平均線在中期移動平均線之上並向上傾斜。
下跌趨勢：短期移動平均線在中期移動平均線之下並向下傾斜。

橫盤整理：短期移動平均線一下子往上（往下）穿過中期移動平均線，但都沒有破前高（或前低）的狀態。中期移動平均線的傾斜角度較小，呈較平緩狀態。

可以再複習一下短期移動平均線與中期移動平均線之間
的關聯。

5. 關卡

一般來說，股價出現 500 日圓、1,000 日圓、
10,000 日圓等整數就稱作整數關卡（見圖表 4-9）。

投資人對這些關卡特別敏感。當價格遇到這個關卡
時會怎麼變動？股價每遇到整數關卡，買賣就會特別活
躍，大概會有這兩種情況：股價一遇到關卡就容易反

圖表 4-9　整數關卡

1 股價如果是 2～3 位數
10 日圓、50 日圓、100 日圓、500 日圓……。

2 股價如果是 4 位數
1,000 日圓、3,000 日圓、5,000 日圓……。

3 股價如果是 5 位數
10,000 日圓、30,000 日圓……。

彈、突破關卡，就會出現較猛的攻勢。從這兩個特性可以歸結出以下四種買賣模式（以下四個例子的前提必須都是空手狀態）。

- 下跌時遇到股價的關卡就買（逆勢）。
- 上漲時突破股價的關卡就買（順勢）。
- 下跌時遇到股價的關卡就賣（順勢）。
- 上漲時遇到股價的關卡就賣（逆勢）。

　　對投資人來說，股價來到整數關卡時，就會做出以上四個判斷。交易時除了確認技術線圖的內容，也要意識到股價的整數關卡。

　　以上跟大家介紹了最基本的五項指標，各位覺得如何？光是記住這五項指標並綜合運用，你的投資判斷勝率就會自然提高。以實戰來說，當指標湊齊三項以上就可以考慮買賣。但如果只有一個指標，比如「突破前高就買」，這樣勝率反而會下降，請多加小心。

　　其實還有很多指標可以參考，但先理解這五個，然後再來分析技術線圖吧。一開始可能多少會覺得很難，但習慣之後就變得很簡單。活用這些基本指標的交易方

法有很強的根據，可複製率非常高，只要好好學習與訓
練，每個人都可以在投資判斷的基準與股票投資中，建
立起容易獲利的觀念。

3

提高勝率的兩項技術線型

　　有兩個珍藏技巧我一直很猶豫要不要寫進書裡，但既然各位都願意拿起這本書，我就公開教大家吧。

　　這兩個技巧就是「中期移動平均線的轉折」、「睽違三個月以上（甚至更久）碰到長期平均線」。

1. 世界最簡單的買賣點——「中期移動平均線的轉折」之術

　　中期移動平均線的轉折可分為兩種模式，一個是做多，一個是做空。當然勝率不是 100%，但它會是你跨出技術面分析交易的第一步。

　　我人生的第一次交易就是採用中期移動平均線轉折的做多模式。這個技巧很適合初學者，堪稱是必殺技，

圖表 4-10　中期移動平均線的轉折

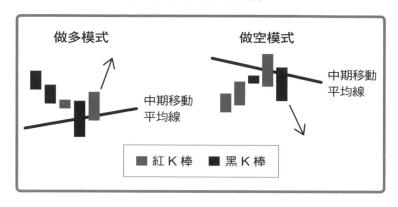

　　光學會這招就能做很多種交易。如果你很害怕直接上場的話，可以先用模擬交易嘗試，或是直接上場但投入很小的金額，這麼一來就不會有太大壓力。

　　接下來我來說明順序。

　　如果你要做多，當股價在中期移動平均線之上，往下穿過移動平均線留下一根黑 K 棒，隔天卻是一根紅 K 棒轉折的話就買進。

　　當紅 K 棒轉折時，要確認是否有高過前一天黑 K 棒的開盤價，所以最好在當天接近尾盤的時間下單，然後直到下一根黑 K 棒出現後脫手，就算沒有出現黑 K 棒，也要在三天之內脫手。做空的話就反著做。

　　由於這個手法連初學者也可以馬上學會，所以中期移動平均線轉折的技巧又被稱作「初手」。初手是下將棋或圍棋時，棋手所下的第一步棋。

　　下面我們來看典型的例子，一起跟著學習吧。

做多模式的參考線圖

　　「如果能配合趨勢，更能提升勝率」。

　　請大家注意這三條移動平均線之間的關聯，從上而下，分別是短期線、中期線、長期線的順序，這種格局就被稱為多頭格局。在多頭格局做第一次進場買進的話，勝率很高。

圖表 4-11　做多模式

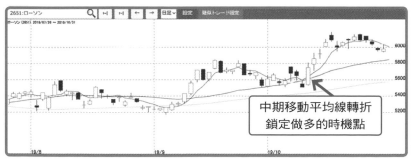

註：顏色最淺的是長期線，另一條波動較劇烈者為短期線。

總之，觀察中期移動平均線轉折時，移動平均線的順序和傾斜角度也很重要，要搭配著看。

做空模式的參考線圖

請大家注意這三條移動平均線之間的關聯，由上而下是長期線、中期線、短期線的順序，這種格局就屬於空頭格局。在空頭格局中，做第一次進場賣空的話，勝率很高。

圖表 4-12　做空模式

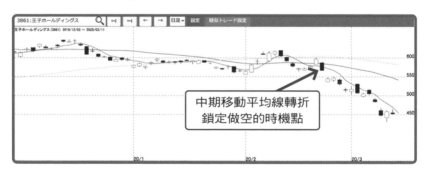

當短期線位在長期線與中期線之間時，勝率很低

　　要注意一點，當中期線與長期線上下糾結在一起，股價會在這裡上上下下（反彈和壓回），在這種狀況交易勝率很低，最好不要做。

圖表 4-13　勝率低模式

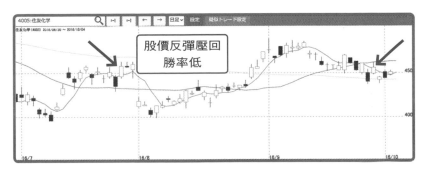

重複多次就能累積獲利

　　中期移動平均線轉折術對初學者並不難，只要背起來照表操課就能做到。而初學者光靠這招的話，勝率大約 60%，只要有一半以上的交易是贏的，就是好事。那麼要怎麼提高勝率？那就是看到前面提到的基本指標出現三項以上，就可以進場交易。

有些人聽到單用這招的勝率只有 60%，會覺得「會不會太低了」、「怎麼不是 100%？」但一個招式能讓初學者只要背起來照表操課，勝率就有 60%，想一想其實很厲害不是嗎？勝率只要超過 50%，理論上來說，你的資金應該不會變成負的，反而會不斷累積資產。如果再努力一點，一年 10% 以上的獲利也不是不可能。對一個才剛跨入股市的新手就能賺那麼多的話，那股市老手就更不用說了。

小試身手

　　請大家看圖表 4-14，尋找中期移動平均線轉折出現的位置。

圖表 4-14　小試身手

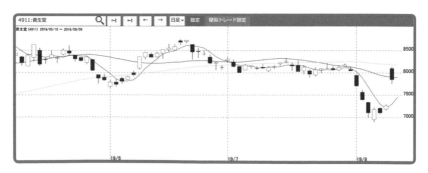

怎麼樣？有找到嗎？

先找到中期移動平均線，有一個地方紅 K 棒從下面往上穿過，隔天變黑 K 棒就是轉折處。看習慣的話一眼就能找出來，請各位也用同樣的方法尋找各檔股票有沒有出現這樣的訊號吧。

試著仔細找一找後，是不是發現還滿多股票有這樣的情形？這招的關鍵核心就是，當股價碰到中期移動平均線時，容易發生轉折，知道這個特性之後就能好好運用。

圖表 4-15　解答

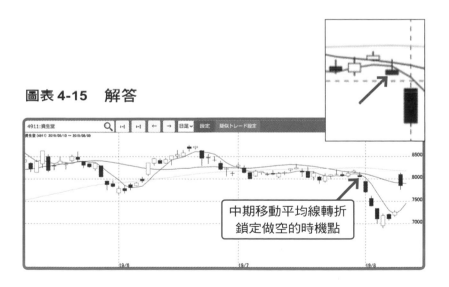

4911：獅生堂

獅生堂 (4911) 2019/05/10 ～ 2019/08/09

中期移動平均線轉折
鎖定做空的時機點

2. 睽違 3 個月以上（甚至更久）碰到長期平均線

接下來我要介紹的是，「睽違 3 個月以上（甚至更久）碰到長期平均線」。

當股價已經 3 個月以上沒有碰到長期平均線時，一旦碰到就很容易反彈或反壓，請好好活用這個特性。這種狀態不常發生，準確度又高，連初學者也能容易分辨。先記熟以下的參考線圖（見圖表 4-16），然後實際找找看吧。

關鍵在於找出股價一直在上漲或一直下跌的線圖，然後仔細觀察。如果股價越久沒有碰到，勝率就越高。

中期移動平均線轉折之術，是著眼於股價是否有碰到中期移動平均線產生轉折，同樣的道理運用在長期移動平均線也是成立的。

光是靠第二招結合更多技巧或指標，就能提高勝率。換句話說，當你看到「睽違 3 個月以上（甚至更久）碰到長期平均線」、「中期移動平均線轉折」、「整數關卡」、「股價創新高（低）」等條件都滿足的話，那麼勝率就更高了。

圖表 4-16　睽違 3 個月以上碰到長期平均線

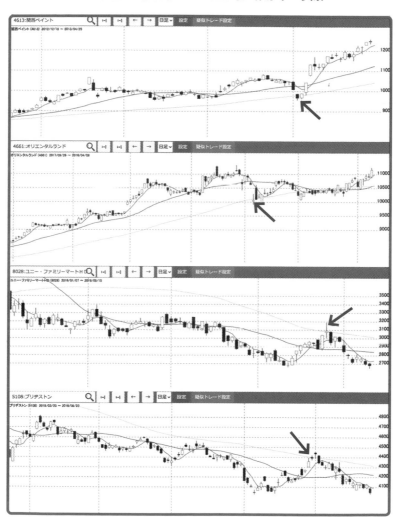

chapter
5

技巧實踐篇，
全部答對你就可以進場了

　　我交易的時候，若基本指標沒有湊齊三個以上，就不太會進行買賣。我會從這些條件來預測未來股價是要上漲或下跌。相反的，當不具備這些條件，我就什麼也不做。「等待」，也是一種很了不起的投資判斷。下面我會出八道題目，請大家依照前面所學試著回答。大家可以活用在第四章學到的技巧挑戰看看。那麼，立刻來試一試吧！

Q1 東京海上控股（8766）

　　這張技術線圖的中期移動平均線轉折的訊號在哪？

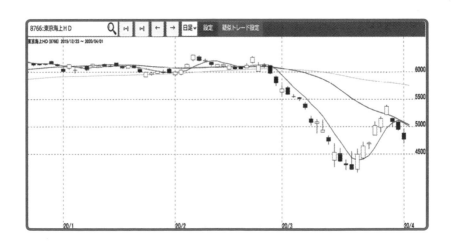

A1

股價從下方穿越中期線，隔天出現相反的顏色（黑
K 棒）轉折的地方。再加上股價創新高已經有 5 天了，
正好可以鎖定做空模式進場。

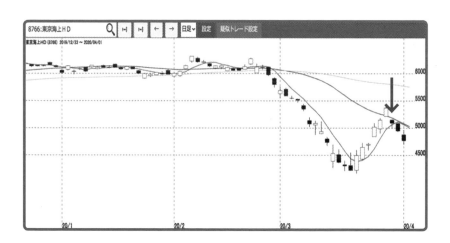

Q2 索尼（6758）

　　從這張技術線圖來看，中期移動平均線轉折的訊號
在哪？

A2

　　股價從上方穿過中期線，隔天出現相反的顏色（紅
K 棒）轉折。加上前面已經橫盤整理 3 個月以上，接下
可能會出現多頭格局，是進場的好時機點。這種線圖型
態最適合用來練習買進模式。

收盤前下單，月薪多 50 萬 ¥

Q3 東陶機器株式會社（5332）

請預測 2020 年 2 月 12 日以後，股價會呈現上漲、下跌或橫盤整理？

A3

正確答案是下跌。

它達到的指標已經超過三個，包括股價創新高（低）、橫盤整理的上方、5,000 日圓的整數關卡、沒過前高。果然 2 月中旬之後，再加上新冠肺炎風暴的助力，股價大幅跌落。如果這時懂得放空，可以獲取暴跌的利益。

收盤前下單，月薪多 50 萬 ¥

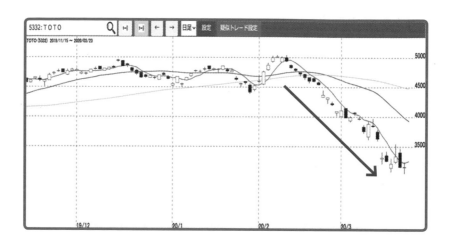

Q4 川崎重工業（7012）

活用基本指標，猜猜看哪裡是進場點。

A4

　　①股價創新高（低）5 天、沒有過前高、橫盤整理的上方。

　　②股價創新高（低）5 天、沒有破前低、橫盤整理的下方。

　　③橫盤整理超過 3 個月，短期線沒有跌破中期線，反而反彈。

④除了 2、3 點之外，再加上第二次越過 5,800 日圓的前高。

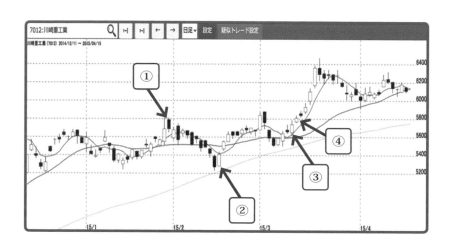

Q5 川崎重工（7012）

假設在 Q4 的 4 進場，要在哪裡獲利了結？

A5

答案有很多種，我介紹其中兩種。

a. 在 Q4 的 ③ 買進的 5,600 日圓附近的紅 K 棒算起，股價創新高 5 天後出現黑 K 棒後就獲利了結。

b. 抱到短期線跌破中期線（上漲結束）。

進場的同時先設想好何時出場（獲利了結）是非常重要的事。

Q6 軟銀集團(9984)

看這張技術線圖,若預測股價上漲是否買進?若預測股價下跌是否要賣?

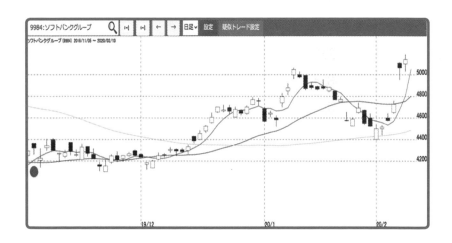

A6

答案是什麼也不做。這個問題出得有點故意,要引誘你上當。但我們在投資時,空手也是非常重要的操作。

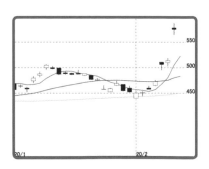

如同大家在第三章讀過的，不要抱股抱過結算，因為抱過結算，就跟賭博沒兩樣。交易前一定要確認財報發表日在哪一天。

Q7 貝親（pigeon，7956）

遇到這種暴跌狀況時，你會怎麼做？

1. 買。

2. 賣。

3. 什麼也不做。

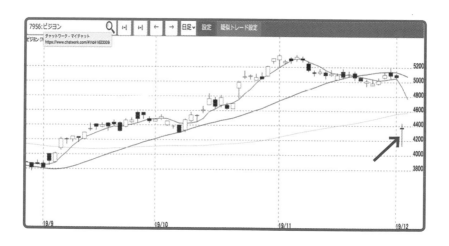

A7

正確答案是買。但此次交易只限定一天。

隔天早盤一開始就要買，買在便宜的價格，在尾盤時賣掉，獲利了結。這是非常高難度的技巧，對初學者來說有點困難，但只要稍加訓練，你也可以辦到。

Q8 東洋製罐（Toyo Seikan Group，5901）

2 星期後，它的股價會是上漲或下跌？

A8

正確答案是上漲。

從條件來看，它有中期移動平均線轉折（做多模式）、股價創新高（低）、整數關卡，還有碰到睽違已久的長期線。當股價超過 3 個月以上沒有碰到長期線，一碰到就容易反彈。

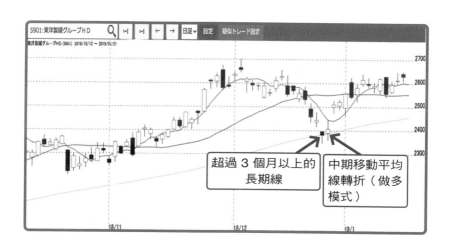

chapter

6

男女老幼都能
成功複製的操作模式！

　　運用本書介紹的交易技巧致勝的人不只有我，讓我介紹幾位給各位認識。

　　第一位，新宿歌舞伎町 No.1 的男公關霧夜，他從零開始投資股票，只花了 2 個月，就達到每月平均報酬率 5% 以上！

　　第二位，25 歲的女性事務員 M 小姐，她也是從零開始投資股票，5 個月後就有 1.8% 的獲利！

圖表 6-1　新宿歌舞伎町 No.1 的男公關霧夜的交易圖

持有證券	信用交易	評估損益	帳戶餘額
全部 ▼	預估總損益		+12,600 日圓
筆數 1	預估損益率		+6.70%
商品 帳戶	現值 成交均價		預估損益 預估損益率 ＞
小野藥品 4528 特定	2,007 日圓 1,881.0 日圓		+12,600 日圓 +6.70%

（接下頁）

持有證券	信用交易	評估損益	帳戶餘額
全部 ▼	預估總損益		+15,990 日圓
筆數 1	預估損益率		+1.20%
商品 買賣／帳戶 回補期限	現值 成交均價		預估損益 > 預估損益率
關西塗料 4613 券買／特定 6 個月	2,693 日圓 2,657.00 日圓		+15,990 日圓 +1.20%

持有證券	信用交易	評估損益	帳戶餘額
全部 ▼	預估總損益		+15,536 日圓
筆數 1	預估損益率		+1.64%
商品 買賣／帳戶 回補期限	現值 成交均價		預估損益 > 預估損益率
島津公司 7701 券買／特定 6 個月	3,210 日圓 3,155.00 日圓		+15,536 日圓 +1.64%

圖表 6-2　與霧夜的談話訊息

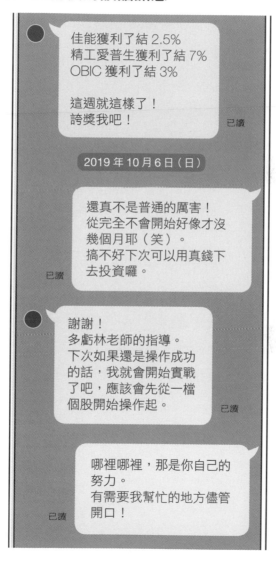

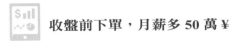

圖表 6-3　25 歲的女性事務員 M 小姐

持有證券	信用交易	評估損益	帳戶餘額
全部 ▼	預估總損益		+19,590 日圓
筆數 1	預估損益率		+1.73%
商品 買賣／帳戶 回補期限	現值 成交均價		估價市值 與前天相比的估價市值 ⟩
豐田通商 8015 券買／特定 6 個月	300 股 （0）		1,150,500 日圓 +31,000 日圓 （+1.80%）

〈五十多歲的家庭主婦 M·R 女士〉

　　我先生去世後，我繼承了他的股票，正猶豫不知道怎麼處理這些套牢股票，沒想到我努力練習這些方法之後，負報酬開始逐漸減少了。人生第一次做空，一天約賺了 9,000 日圓。

圖表 6-4　五十多歲的家庭主婦 M・R 女士

個股	信用交易	融資金額・預估損益	
登錄商品	現貨持有	信用交易	下單一覽
商品名稱 代號 市場 區分	融券股價 融券股數	預估損益 損益率	現值 前日比
羅森 2651 東證 券賣 制度	5,600 100	8,965 1.60%	5,510.0 -100.0 -1.78%

〈四十多歲的上班族 T・N 先生〉

　　從 2013 年開始投資不動產，現在擁有 3 棟公寓，共 22 間房間（名古屋、千葉、大阪）。其他包括東京都內一棟新的整棟公寓，這棟公寓是我第一次從買地，蓋房子到賣出，走完所有流程。為了擴大資產，我開始挑戰股票投資，每個月約獲利 80 萬日圓（見下頁圖表 6-5）。

圖表 6-5 四十多歲的上班族 T・N 先生

持有證券	信用交易	評估損益	帳戶餘額
預估總損益			+804,483 日圓
全部 ▼ 預估損益率			+7.07%

商品 買賣／帳戶 回補期限	現值 成交均價	預估損益 預估損益率 〉
關西塗料 4613 券買／特定 6 個月	2,342 日圓 **2,459.50 日圓**	+257,428 日圓 +4.76%
樂天 4755 特定 6 個月	898 日圓 **950.00 日圓**	+309,313 日圓 +6.44%
小野藥品 7201 特定 6 個月	459.5 日圓 **578.90 日圓**	+237,742 日圓 +20.52%

股票獲利約 80 萬日圓

〈三十多歲的自僱者 T・H 先生〉

　　廣告代理商→日租套房公司→自僱者，現在身兼四職。擅長設計、網站製作、寫作。投資經驗只有 10 個月的股市新手（2020 年 4 月的操作實績，報酬率

12.5%，見圖表 6-6）。

　　大家看了覺得如何？我介紹的這幾個例子都是從小白開始投資股票，而且最後都能獲利。不是這些人有什麼特別之處，而是只要努力的方式正確，誰都能從股市中獲利。

圖表 6-6　三十多歲的自僱者 T・H 先生

4 月報酬率
12.5%

1

真正對投資有用的
著名格言十選

1. 5 月賣股票（Sell in May）

　　日本有「5 月賣股票」這樣的說法，而歐美也說 Sell in May（按：因 4 月中下旬起，美國企業會接連公布一年度消費旺季的財報，投資人觀察後可能會獲利了結離場，導致 5 月美股走勢轉弱）。大家用的語言不一樣，但說的都是同一件事。換句話說，不論哪一國家，股票市場都有同樣的傾向，這句格言的效力似乎超越了語言與文化的隔閡。

2. 每天都有行情

　　股價時時刻刻都在變動，所以會讓人產生一種「錯過這次機會就買不到了」的心理。但即使真的讓某次機

會溜走了，也不要太在意，因為那不會是最後一次。

慌張之下所採取的行動，有很高的機率會失敗，你應該要不慌不忙的照自己的策略行動。就算今天沒買到，明天再買就好了。

3. 靠別人不如靠自己

股票投資要完全靠自己的判斷。「跟著別人投資就可以賺錢」這種想法太天真，千萬不要仰賴他人。

與股票相關的新聞網站上充斥著許多「他人的意見」，這些意見沒人知道是否正確。試問有誰會特地把能賺錢的情報告訴別人？投資判斷還是靠自己最安全。

4. 有買有賣也要休息

股票是靠買賣來獲取利益，因此有些投資人會有一種心態，那就是要經常下單買賣，否則不會賺錢。

但是投資不是只有買和賣，休息也很重要。明明還沒出現自己擅長的模式卻硬要交易的話，就很容易失敗，這是交易心理的一大難關。還有一個格言跟這個觀念類似，那就是「休息也是一種行情」。

5. 人多的地方不要去，人少的地方才有美麗風景

　　大部分的飆股都是從沒有人注意的低價股中誕生。換句話說，寶藏就在成交量少、價位過低的個股之中。這句格言想要教大家，若想要賺錢，就要關注人少的那一條路。

6. 高還有更高，低還有更低

　　行情的變動通常有一些關卡，就是大家都知道的天花板和地板。是不是天花板或地板其實都是事後諸葛，在當下變動的時間點，你覺得已經到底了的時候，其實可能還有更深的底。相反的，當你認為還會更低時，可能就反轉了。

　　所以，當你認為已經怎樣，其實還沒發生，當你認為還沒發生時，其實已經到了。這句格言是要大家不要太固執已見，應該靈活面對行情。

7. 買賣八分飽

　　人的欲望是最難處理的東西，當賺了一點錢之後，就會想賺更多。一旦被這種欲望牽引，很可能連本來賺的都回吐光光。

「去頭去尾」這句格言也是教我們一樣的道理，什麼事情都是八分飽就好。貪得無厭絕對沒有好事，這個道理也適用在其他地方。

8. 持股五花八門，獲利七零八落

有一句話說「樣樣通，樣樣鬆」，指一個人很喜歡學習新事物，但每件事都做不久、半途而廢。在股票界也有類似的說法：「持股五花八門，獲利七零八落。」意思就在警惕投資人，不要只因為有興趣，就一窩蜂的跟著大家投資新上市的股票，或是話題股票，卻沒有自己的根據或策略，通常這樣很容易以失敗收場。

投資要在自己熟悉的領域操作，不要只因有興趣，就投入自己不熟的領域與個股。

9. 立春天花板，春分地板

立春是新的一年的開始，春分則是白天和黑夜時間等長的日子，這兩個節氣從以前就被認為是非常重要的節氣。美國的市場似乎也有類似的格言。

這句格言的意思是，在股票市場的行情，在 2 月的立春會來到天花板，到了 3 月後半則會來到地板（按：

因 3 月下旬企業決算，股價會漸漸下跌），以一整年的
行情來看，這時候通常是底部。

10. 看不懂就休息

　　在市場不能只有買，如果不操作套利或拋售等賣出
的動作，就很難賺大錢。同時，休息也很重要。特別是
當行情尚未明朗時，不要勉強自己，就休息一陣子吧。

　　有一句下棋的俗語：「笨人想不出好主意」，也和
這句格言的意思相近。特別是正在收斂中的行情最難判
斷，等到方向真的出來之前，最好先稍作休息。

2

常見問題集

Q | 要有多少資金才可以開始投資？

A | 視股票的價格而定，但基本上只要有 50 萬日圓以上的自有資金，就可以開始投資。

Q | 我不太懂電腦，會不會有什麼困難？

A | 完全沒問題。你可以用手機簡單操作買賣，不過還是需要練習一下。

Q | 我對股票的印象就是很困難，完全沒有經驗的人也有辦法交易嗎？

A | 即使完全沒有經驗也可以，只要從技術線圖的型態做判斷即可，很容易懂。不用學習困難的專有名詞

或啃讀厚厚的參考書。

Q │ 我五十多歲了，現在開始投資會不會太遲？

A │ 60 歲都來得及，退休後人生還有很長一段時間。

Q │ 我是一名上班族，沒辦法空出太多時間做股票，這樣沒問題嗎？

A │ 沒問題。你只要一天花幾分鐘交易就好，上廁所的空檔就夠了，也不用長時間盯著技術線圖看，絕對不會影響到你的本業。

Q │ 聽說做空很恐怖……。

A │ 就我的角度來看，不做空的風險才大。如果學會做空，下跌行情你都能賺錢，股價上上下下你都不用怕。

結語

現在開始，
活出自己想要的樣子

感謝你捧著這本書讀到最後。各位讀者覺得如何？希望本書多少能為你帶來幫助。這個時候最重要的一件事就是，想一想從明天開始，你要怎麼做。

當人生走到終點，你覺得最後悔的事情是什麼？是沒有盡到義務嗎？還是沒有追求夢想？據說人死前最後悔的事，是沒有以自己「最想要的樣子」過活。換句話說，最讓人懊惱的不是犯錯、挑戰失敗，而是無法成為自己真正想成為的人。

就長期來看，人對沒做過的事感到後悔的程度，遠大於做過的事。決定採取某種行動，即使最後失敗，當下感到很懊悔，也只是暫時的，我們很快就會把它消化成人生教訓。

這世上大概沒有從未犯過錯的聖人吧？人即使做出

了某樣錯誤行動，也不會一直苦惱，而是會很快修正自己的軌道。簡單來說，失敗可以重新再來，但沒去做的後悔，卻無法做任何修正。

大家應該都有過這樣的經驗，最讓人在腦中揮之不去的，就是後悔當時沒怎麼做，沒試著去接受某樣挑戰。比方說，寫小說害怕被批評，所以不敢公開發表，或是沒有勇氣向喜歡的人告白，無法讓對方走入自己的人生。許多人都不敢朝目標踏出一步，只是守株待兔、等待機會來臨。很遺憾，機會不會那麼簡單出現。機會不是等來的，為此你要盡量在可行的範圍內採取行動。

為了不在死前才後悔「當時有做那件事就好了」，從今天就開始展開行動！打開人生的大門，打破你看這個世界的框架。

我們無法改變過去，但可以改變未來的自己。即使連續挑戰失敗，在過程中有時候會遇到最棒的同伴，還可以看到最棒的風景。相對的，也會有在夜晚暗自流淚，感到受挫或後悔的時候。

當你想接受新挑戰，不可避免的，會有很多人持否定意見，但沒關係。這些過程沒多久就會隨著時間流逝，我們終將超越過去。失敗後如果不想辦法解決，那

就真的是失敗，但如果你接受並改善，且再度挑戰，先前的失敗，反而會成為未來成功的靈感。一旦抓住機會就要緊緊不放，持續行動，這麼一來，你的人生一定會不斷提升。若能堅持向前直到成功，你就會了解過去的失敗，都是必要的養分。最後你會發現，這世界上根本沒有失敗這回事。

　　如果你能因為翻閱這本書而開始投資股票，並對你的人生有所改變，那我會很高興。假如各位對股票投資有不懂或煩惱的地方，歡迎隨時和我聯繫，我會盡力支援你。

　　感謝大家讀到最後。期待與各位相見的那天到來。

國家圖書館出版品預行編目（CIP）資料

收盤前下單，月薪多 50 萬 ¥：史上最簡單線圖
獲利教科書，別人想午餐、我大賺波段！／林僚
著；鄭舜瓏譯. -- 初版. -- 臺北市：大是文化有限
公司，2021.07
208 面；14.8×21 公分. --（Biz：360）
譯自：トイレ休憩で株してたら月収 50 万円に
なった件
ISBN 978-986-5548-67-4（平裝）

1. 股票投資　2. 投資分析　3. 投資技術

563.53　　　　　　　　　　　　110002717

Biz 360

收盤前下單，月薪多 50 萬¥
史上最簡單線圖獲利教科書，別人想午餐、我大賺波段！

作　　　者／林僚
譯　　　者／鄭舜瓏
責任編輯／林盈廷
校對編輯／張慈婷
美術編輯／林彥君
副　主　編／馬祥芬
副總編輯／顏惠君
總　編　輯／吳依瑋
發　行　人／徐仲秋
會　　　計／許鳳雪
版權專員／劉宗德
版權經理／郝麗珍
行銷企劃／徐千晴、周以婷
業務專員／馬絮盈、留婉茹
業務經理／林裕安
總　經　理／陳絜吾

出　版　者／大是文化有限公司
　　　　　　臺北市 100 衡陽路 7 號 8 樓
　　　　　　編輯部電話：（02）23757911
　　　　　　購書相關資訊請洽：（02）23757911 分機 122
　　　　　　24 小時讀者服務傳真：（02）23756999
　　　　　　讀者服務E-mail：haom@ms28.hinet.net
郵政劃撥帳號 19983366　戶名／大是文化有限公司

法律顧問／永然聯合法律事務所
香港發行／豐達出版發行有限公司 Rich Publishing & Distribut Ltd
　　　　　　地址：香港柴灣永泰道 70 號柴灣工業城第 2 期 1805 室
　　　　　　Unit 1805, Ph. 2, Chai Wan Ind City, 70 Wing Tai Rd, Chai Wan, Hong Kong
　　　　　　電話：21726513　傳真：21724355
　　　　　　E-mail：cary@subseasy.com.hk

封面設計／林雯瑛
內頁排版／顏麟驊
印　　　刷／鴻霖印刷傳媒股份有限公司

出版日期／2021 年 7 月初版
定　　　價／新臺幣 360 元（缺頁或裝訂錯誤的書，請寄回更換）
I S B N／978-986-5548-67-4
電子書ISBN／9789865548742（PDF）
　　　　　　9789865548759（EPUB）